**10 DE JANEIRO DE 2008**
**ESTRATEGISTA**

*Para criar seu exército de voluntários, Obama procurou animar grupos como este, num ginásio em Davenport, Iowa*

# TIME

**EDITOR ADMINISTRATIVO** Richard Stengel
**DIRETOR DE ARTE** Arthur Hochstein
**EDITORA CHEFE DE IMAGENS** Alice Gabriner

TIME INC. HOME ENTERTAINMENT

**PUBLISHER** Richard Fraiman
**GERENTE GERAL** Steven Sandonato
**DIRETORA EXECUTIVA, SERVIÇOS DE MARKETING** Carol Pittard
**DIRETOR, VAREJO E VENDAS ESPECIAIS** Tom Mifsud
**DIRETOR, DESENVOLVIMENTO DE NOVOS PRODUTOS** Peter Harper
**DIRETORA ASSISTENTE, VENDAS EM BANCAS** Laura Adam
**DIRETORA ASSISTENTE, MARKETING DE MARCA** Joy Butts
**ASSESSORA JURÍDICA** Helen Wan
**GERENTE SÊNIOR DE MARCA, TWRS/M** Holly Oakes
**GERENTE DE PRODUÇÃO DE LIVROS** Suzanne Janso
**GERENTE DE DESIGN E PRÉ-GRÁFICA** Anne-Michelle Gallero
**GERENTE ASSISTENTE DE MARCA** Michela Wilde

*President Obama: The Path to The White House* foi publicado originalmente pela TIME Books, Time Inc. 1271 Avenue of the Americas • New York, NY 10020

**EDITOR** Adi Ignatius
**DIAGRAMAÇÃO** Sharon Okamoto
**EDITORES ASSISTENTES DE IMAGENS** Crary Pullen, Leslie dela Vega
**CHEFE DE REPORTAGEM** Deirdre van Dyk
**PRODUÇÃO EDITORIAL** Lionel P. Vargas
**EDITOR DE COPY** Joseph McCombs

**DESIGN DA CAPA** Arthur Hochstein
**FOTO DA CAPA** Foto para a TIME: Platon-Art Department
**FOTO DA CONTRACAPA** Foto para a TIME: Callie Shell-Aurora

**AGRADECIMENTOS ESPECIAIS**
Glenn Buonocore, Susan Chodakiewicz, Margaret Hess, Brynn Joyce, Robert Marasco, Richard Prue, Brooke Reger, Mary Sarro-Waite, Ilene Schreider, Adriana Tierno, Alex Voznesenskiy





Título original: *President Obama: The Path to The White House*





EDIÇÃO BRASILEIRA: PUBLIFOLHA

**COORDENAÇÃO EDITORIAL** Camila Saraiva
**COORDENAÇÃO DE PRODUÇÃO GRÁFICA** Soraia Pauli Scarpa
**ASSISTENTE DE PRODUÇÃO GRÁFICA** Mariana Metidieri
**PRODUÇÃO EDITORIAL E EDIÇÃO DE TEXTO** Todotipo Editorial
**TRADUÇÃO** Clara Allain
**REVISÃO** Fábio Pagotto e Orlinda Teruya
**EDITORAÇÃO ELETRÔNICA** Entreletra Produção Gráfica

Dados Internacionais de Catalogação na Publicação (CIP)
(Câmara Brasileira do Livro, SP, Brasil)

Barack Obama : O Caminho Para a Casa Branca / [tradução Clara Allain]. — São Paulo : Publifolha, 2009.

Título original: President Obama : The Path to The White House.

Vários autores.
ISBN 978-85-7914-016-7

1. Artigos jornalísticos – Coletâneas 2. Obama, Barack, 1961- 3. Time (Revista) – Estados Unidos.

09-00433 CDD-070.442

Índices para catálogo sistemático
1. Artigos sobre Barack Obama : Coletâneas 070.442

A grafia deste livro segue as regras do **Novo Acordo Ortográfico da Língua Portuguesa.**

**PUBLIFOLHA**
Divisão de Publicações do Grupo Folha
Al. Barão de Limeira, 401, 6º andar
CEP 01202-900, São Paulo, SP
Tel.: (11) 3224-2186/2187/2197
www.publifolha.com.br

Este livro foi impresso em fevereiro de 2009 na Corprint sobre papel couché fosco 150 g/m².

# TIME

# Barack Obama: O Caminho Para a Casa Branca

FOTOS PARA A TIME POR CALLIE SHELL-AURORA

PUBLIFOLHA

# Sumário


6
O momento de Obama
RICHARD STENGEL

20
O rosto novo
JOE KLEIN

26
A dádiva de Michelle
CURTIS SITTENFELD

42
A história de uma mãe
AMANDA RIPLEY

48
Como ele aprendeu a vencer
MICHAEL WEISSKOPF

64
Nasce um astro
AMY SULLIVAN

66
Derrotando Hillary
KAREN TUMULTY

72
A prova internacional
KAREN TUMULTY

86
Preparado para liderar
JOE KLEIN

90
A escolha do povo
NANCY GIBBS

FOTOS PARA A TIME
DE CALLIE SHELL-AURORA

**16 DE FEVEREIRO DE 2007**
**O ASTRO**

*No início da campanha, Obama faz um comício no centro de convenções Columbia, na Carolina do Sul, para explicar por que quer ser presidente*

# O momento de Obama

*Os especialistas disseram que ele não estava preparado, mas Barack Obama encontrou uma maneira de criar uma conexão com os americanos preparados para um novo tipo de candidato*

**RICHARD STENGEL**

DAVID KATZ—OBAMA FOR AMERICA

OS PRESIDENTES DEMOCRATAS NÃO GOSTAM DE ESPERAR. John Kennedy, Jimmy Carter e Bill Clinton foram aconselhados a aguardar quatro ou mesmo oito anos antes de se candidatarem. Mas esses homens sabiam algo mais sobre si e sobre o eleitorado, e, em suas campanhas, provaram que quem sabe faz a hora.

Barack Obama também foi aconselhado a esperar. Era a vez de Hillary Clinton; ele era jovem demais; seu nome não era familiar. Mas Obama sabia algo sobre si e sobre a nação que esperava liderar. Ele sabia que os Estados Unidos estariam preparados para ele, mesmo que os líderes do partido não estivessem.

Como aqueles presidentes democratas anteriores, Obama representa uma mudança de paradigma. Desde o momento em que apareceu no cenário nacional, havia algo de diferente nele — algo mais do que o fato de ser filho de uma branca do Kansas e um negro do Quênia. Como tinham feito Kennedy, Carter e Clinton, ele criou um novo discurso político. Sua atitude reflexiva, sua calma e seu estilo equilibrado eram um antídoto à política polarizada, inflamada. Diferentemente da célebre avaliação feita por Roosevelt — segundo a qual a aristocracia nova-iorquina tinha uma mente de segunda classe, mas temperamento de primeira —, Obama parecia ter uma mente de primeira classe e temperamento idem.

A fotógrafa Callie Shell, cujo trabalho destacamos neste livro, também possui temperamento de primeira classe — e olhar idem. Ela vem da Carolina do Sul, e essa é sua quinta campanha presidencial. Shell (na foto acima com Obama) começou a cobrir o candidato para a revista TIME em janeiro de 2006, quando o furgão em que o candidato viajava levava apenas três pessoas: o motorista, Obama e Shell. Desde então, a fotógrafa se tornou, nas palavras de um membro da equipe de Obama, "parte da família". Shell conseguiu trazer à tona o lado íntimo de Obama, como ele é quando está descansando, quando não está sobre um palco ou palanque. O talento de Shell revela o verdadeiro eu de Obama, ao mostrá-lo, com a guarda baixa, em lugares onde quase ninguém tem a oportunidade de vê-lo.

**EM GRANDE ESTILO** *O casal recém-eleito no parque Grant Field, Chicago*

**6 DE JANEIRO DE 2008**
**SENHOR TRANQUILIDADE**

*A dois dias da primária em New Hampshire, enquanto enfrentava ataques acirrados de Hillary Clinton, Obama relaxa no ônibus da campanha*

Obama'08
Cheetos
Fritos

**22 DE ABRIL DE 2008**
**REABASTECENDO**
*Com Michelle (e vários jornalistas), Obama come num restaurante popular em Pittsburgh na manhã da primária na Pensilvânia*

**7 DE NOVEMBRO DE 2007**
**REUNINDO AS TROPAS**

*Obama discursa numa reunião em Burlington, Iowa. Dois meses mais tarde, termina em primeiro lugar no caucus desse Estado*

**4 DE JULHO DE 2008**
**MOMENTO EM FAMÍLIA**

*A família Obama se acomoda para assistir a um concurso de consumo de cachorros-quentes na TV, antes de participar de um piquenique em Butte, Montana*

**29 DE AGOSTO DE 2008**
**TOMANDO IMPULSO**

*Um dia depois de aceitar a indicação pelo Partido Democrata, Obama faz um comício em Beaver, no campo de batalha que é o Estado da Pensilvânia*

**7 DE NOVEMBRO DE 2007**
**PREPARANDO-SE PARA A HORA DO SHOW**

*Buscando apoio à sua candidatura em um condado após outro, Obama, num raro momento solitário, aguarda antes de discursar em Muscatine, Iowa*

# O rosto novo

*A revista TIME pôs Barack Obama em sua capa pela primeira vez em outubro de 2006, dizendo que o senador que cumpria seu primeiro mandato tinha carisma e ambição suficientes para candidatar-se a presidente. Mas ele ainda não estava preparado para responder às perguntas difíceis*

**JOE KLEIN**

NUMA MANHÃ ENSOLARADA E FRESCA DE SÁBADO em Rockford, Illinois, quase mil pessoas estão reunidas no ginásio da faculdade Rock Valley para participar de uma reunião aberta com seu senador, Barack Obama. É um público surpreendentemente grande, mas Obama se tornou um fenômeno político americano em um nanossegundo, e as pessoas estão tontas de expectativa. "Sabemos que ele tem o carisma necessário", diz Bertha McEwing, que vive em Rockford há mais de 50 anos. "Queremos saber se ele tem a inteligência necessária." Nesse momento um murmúrio percorre o público e depois um prender de respirações, vivas e aplausos quando Obama chega ao ginásio com um andar casual e descontraído. "Estava com saudades de vocês", diz, dirigindo-se ao microfone, e continua a saudar pessoas em meio aos aplausos ruidosos. "Estou cansado de Washington."

Há uma síncope macia na cadência de sua fala. "Andei preso lá por algum tempo." Mas a informalidade desaparece quando ele começa a responder perguntas. O estilo real de Obama ao falar é tranquilo, em tom de conversa, com poucos excessos retóricos; não há nada de pomposo em seu discurso. Mais ou menos na metade da reunião, que dura uma hora, um homem de meia-idade se põe em pé e diz o que parece estar ocupando a cabeça de todos os presentes, com ardor apropriado: "O Congresso não fez nada este ano. Estou farto de ver os políticos pondo a culpa uns nos outros. Deveríamos jogar todos eles fora e começar de novo!".

"Incluindo eu?", pergunta o senador.

A resposta é um coro de "não". "Não você", diz o homem. "Você é novo em folha." Obama mergulha numa rápida reflexão sobre a natureza vagarosa da democracia. A resposta não é nem de longe uma resposta política padronizada, pré-gravada. Ele percorre alguns temas bastante complexos, falando sobre como a divisão arbitrária de distritos eleitorais com fins políticos produziu uma geração de políticos que não precisam levar em conta o outro lado no debate, fenômeno que vem dificultando as concessões e, portanto, os avanços legislativos. "Foi por isso que fui a favor da proposta de Arnold Schwarzenegger no ano passado — uma comissão não partidária para traçar os mapas dos distritos congressionais na Califórnia. Pena que ela foi derrotada." A multidão acompanha o pensamento de Obama, ouvindo atentamente quando ele inicia uma discussão detalhada do orçamento federal. Ele acaba percebendo que está se estendendo demais na defesa de suas ideias e pede desculpas ao público por "fazer um discurso". Ninguém parece se incomodar, já que Obama está fazendo algo bastante raro na política americana dos últimos

**CRIANDO UMA CONEXÃO** *Obama atraiu muitos eleitores brancos, em parte, porque parecia transcender estereótipos raciais*

tempos: está respeitando a inteligência das pessoas. Ele é progressista, mas não é radical na defesa de suas posições. Na verdade, parece obsessivamente ansioso por encontrar terreno comum com os conservadores. "É um alívio enorme, depois de toda a gritaria que se vê na TV", diz Chuck Sweeney, editor político do *Register Star*, de Rockford. "Obama está procurando aproximar-se das pessoas. Está dizendo que o outro lado não é mau. Você não pode imaginar até que ponto é poderosa essa mensagem, para um público como esse."

A atração pessoal exercida por Obama se evidencia quando ele desce da plataforma e é cercado por admiradores de todas as idades e tons de pele. De fato, naquele sábado, enquanto percorríamos o interior do Illinois e entrávamos no Estado de Iowa — de importância mítica para as campanhas presidenciais–, Obama parecia o equivalente político de um arco-íris: um evento repentino e fora do normal que inspira admiração e êxtase. Bill Gluba, ativista democrata local de longa data, falou de suas recordações de ter levado Bobby Kennedy de carro por Davenport, Iowa, em 14 de maio de 1968. "Eu era apenas um adolescente", diz ele. "Mas nunca vou esquecer como as pessoas reagiram a Kennedy. Nunca vi nada igual desde então — até a chegada desse cara." A pergunta sobre quando Obama vai se candidatar a presidente é onipresente. Que ele vai acabar se candidatando, e vencendo, é algo dado como certo por quase todos que vêm vê-lo discursar. Em Davenport, um repórter local formula a pergunta diretamente: "O senhor vai se candidatar a presidente em 2008?". Obama me surpreende ao responder que naquele momento está pensando apenas na eleição de 2006, o que, na dança semiótica da política presidencial, definitivamente não é um "não". Alguns dias mais tarde, faço a Obama a pergunta óbvia seguinte: ele vai considerar a possibilidade de candidatar-se a presidente em 2008 depois de a eleição para o Congresso ter terminado? "Quando a eleição terminar e a turnê de divulgação de meu livro [*A Audácia da Esperança*] acabar, vou pensar sobre como posso ser mais útil ao país e como posso conciliar isso com ser um bom pai e bom marido", diz ele cuidadosamente, e então acrescenta: "Ainda não me decidi completamente nem resolvi esse quebra-cabeças".

A Obamamania remete à Colin Powellmania de setembro de 1995, quando o general — outro arco-íris político — alavancou as especulações de que poderia candidatar-se a presidente, convertendo-as em vendas de 2,6 milhões de exemplares de sua autobiografia. Powell e Obama têm outra coisa em comum: são pessoas negras que — como Tiger Woods, Oprah Winfrey e Michael Jordan — parecem exercer uma influência emblemática sobre o imaginário americano, pelo fato de transcender os estereótipos raciais. "Tem tudo a ver com gratidão", diz o ensaísta Shelby Steele, que escreve com frequência sobre a psicologia racial. "As pessoas brancas ficam emocionadas ao extremo quando um negro de destaque aparece e não as faz revolver sentimentos de culpa racial. Os brancos simplesmente adoram pessoas assim."

Quando perguntei a Obama sobre isso, ele começou a responder antes de eu ter concluído a pergunta. "Existe uma decência fundamental no povo americano que não recebe atenção suficiente", disse ele, sentado em seu escritório no centro de Chicago, trajando jeans e camisa azul escura. "Figuras como Oprah, Tiger, Michael Jordan proporcionam às pessoas um atalho para expressar seus melhores sentimentos. Você pode tratar isso com cinismo. Pode dizer 'é fácil gostar de Oprah'. É mais difícil aderir à ideia de investir mais recursos na abertura de oportunidades para jovens negros — alguns dos quais não são tão fáceis de se gostar. Mas não sinto isso. Acho que é salutar, um sentimento bom. Só que não quero que pare em Oprah. Prefiro dizer 'se você me vê com bons olhos, saiba que há muitos jovens aí fora que poderiam ser eu, se alguém lhes desse uma chance'."

MAS ISSO NÃO É EXATAMENTE VERDADE. Não existem muitas pessoas — de ébano, de marfim ou outras — que possuam o currículo singular de talentos de Obama, nem o que ele chama de sua história familiar "exótica". Ele a contou em detalhes brilhantes e dolorosos em seu primeiro livro, *A Origem dos Meus Sonhos*, que talvez seja a autobiografia mais bem escrita já produzida por um político americano. Obama é africano e americano, em oposição a afro-americano, embora certamente tenha sofrido todas as crueldades casuais do cotidiano — no novo livro, ele fala de brancos que o tomaram por manobrista de estacionamento — impostas aos não-brancos nos Estados Unidos. "Tive que conciliar muitos elementos diferentes quando estava crescendo — raça, classe social", ele me contou. "Por exemplo, eu estudava num colégio de alto nível, e minha mãe recebia auxílio-alimentação enquanto estudava para seu doutorado." Obama acredita que sua incapacidade de encaixar-se perfeitamente em qualquer grupo ou categoria explica seus esforços incansáveis para compreender e conciliar pontos de vista opostos. Mas a tendência é tão pronunciada que quase parece um tique obsessivo-compulsivo. Contei nada menos de 50 instâncias de ponderações "por outro lado" exaustivamente criteriosas em *A Audácia da Esperança*. Em dado momento, ele reflete sobre a influência histórica de extremistas ideológicos — ou seja, pessoas precisamente opostas a ele. "Nem sempre foi o pragmático, a voz em defesa da razão ou a força da conciliação quem criou as condições para a liberdade", escreve, falando do movimento antiescravagista do século 19. "Ciente disso, não posso desprezar sumariamente aqueles que hoje nutrem sentimentos semelhantes de certeza — o ativista antiaborto, o ativista dos direitos dos animais que depreda um laboratório —, não importa o quão profundamente discorde de suas ideias. Sou privado até mesmo da certeza da incerteza — pois às vezes verdades absolutas podem muito bem ser de fato absolutas."

Caramba! Mas se existe uma coisa que Obama é, é ser sincero quanto a suas incertezas e imperfeições. Contabilizei 28 trechos em *A Audácia da Esperança* em que ele faz observações autodepreciativas ou admite atitudes impolíticas. Imediatamente, na página 3, ele confessa sofrer de "desassossego" político, o que é outra maneira de dizer que é ambicioso. Ele se autoflagela por gostar de jatinhos particulares, que eliminam as frustrações e o aperto dos voos comerciais, mas — por outro lado! — o isolam dos problemas das pessoas comuns. Ele reconhece que seu adversário no Senado em 2004, Alan Keynes, o irritava. Culpa a si mesmo pelas "tensões" em seu casamento, põe em dúvida suas "capacidades" como marido e pai.

Existe um método em toda essa angústia. A autodepreciação e a empatia são ferramentas políticas poderosas. Essas duas qualidades vêm sendo parte integral do charme de Obama, desde o começo. Michael Froman, que foi seu colega de classe na Escola de Direito de Harvard, me disse que Obama foi eleito diretor da *Law Review* — o primeiro afro-americano a ocupar essa posição — graças a sua capacidade de conquistar os conservadores na classe deles. "No fim, a disputa era entre Barack e um sujeito chamado David Goldberg", recordou Froman. "A maioria do pessoal da classe era progressista, mas havia uma presença crescente da Sociedade Federalista, conservadora, e havia verdadeiras brigas entre esquerda e direita em torno de quase tudo. Barack venceu a eleição porque os conservadores acharam que ele levaria os argumentos deles em conta."

Depois de três anos trabalhando em Chicago como advogado de direitos civis e professor, Obama foi eleito para o Senado estadual de Illinois e rapidamente se destacou da maioria dos outros legisladores afro-americanos. "Ele era ardente em seus pontos de vista", comentou o senador estadual republicano Dave Syverson, que trabalhou com Obama na reforma do sistema de salário-desemprego. "Tínhamos algumas discussões acirradas. Mas ele não era um político típico, daqueles que sempre defendem a linha de seu partido. Muitos democratas não queriam a exigência de trabalho para as pessoas que recebiam o seguro-desemprego. Barack se dispunha a fazer essa concessão."

A CRIAÇÃO E A FRUSTRAÇÃO DE EXPECTATIVAS está no cerne de quase todos os grandes dramas políticos. No caso de Obama, as expectativas são absurdas. Ele transcende a divisão racial com tanta facilidade que parece razoável esperar que consiga transcender todas as outras divisões — e responder a todas as perguntas impossíveis — que são o flagelo da vida pública americana. Ele encoraja essas expectativas, prometendo coisas grandiosas — pelo menos no sentido abstrato. "Este país está preparado para uma política transformadora do tipo que John F. Kennedy, Ronald Reagan e Franklin Roosevelt representaram", ele me disse. Mas esses foram políticos que tiveram ideias grandiosas ou se dispuseram a assumir riscos grandes, e Barack Obama, até agora, não fez muito em nenhuma dessas áreas. E a verdade irritante é que *A Audácia da Esperança* não é muito audacioso.

Algumas semanas antes eu tinha assistido a Obama fazendo um discurso sobre energia alternativa para um público reunido pela MoveOn.org na Georgetown University. A ideia era que fosse um evento importante, uma oportunidade para o grupo mais conhecido de ativistas democratas flertar com o orador mais carismático do partido. Foi uma decepção: Obama propôs alguns incentivos e punições mixurucas para levar Detroit a produzir carros mais econômicos em combustível. A plateia de estudantes e ativistas se deu conta da timidez do senador e foi ficando nitidamente menos entusiasmada à medida que ele continuava a falar. Apenas dois dias antes, Al Gore tinha feito um discurso instigante em Nova York, no qual propusera um plano de energia alternativa muito mais dramático: um imposto pesado sobre combustíveis fósseis, que, por sua vez, seria usado para reduzir os impostos da Previdência Social e do Medicare (o sistema de seguro-saúde do governo dos Estados Unidos). Perguntei a Obama por que, no discurso e em seu livro, ele não propusera um aumento do imposto sobre energia, combinado com uma redução do ônus dos impostos sobre os trabalhadores americanos. "Não pensei nisso", ele respondeu, mas dando-se conta da falta de sinceridade de sua resposta — afinal, hoje em dia ouve-se falar em imposto sobre a gasolina em toda parte —, acrescentou rapidamente: "Acho uma ideia realmente interessante". Pressionei: ele refletira sobre isso? "A premissa deste livro não era apresentar meu plano de dez pontos", ele se esquivou. "Minha meta era entender e apresentar os valores comuns que podem funcionar como base para uma discussão." Percebendo meu ceticismo, ele tentou novamente: "Este livro não mergulha tão fundo assim em termos de política. Há uma multidão de boas ideias circulando por aí. Algumas coisas acabam no chão da sala de edição."

Depois de termos debatido várias outras questões, Obama sentiu a necessidade de recuar e defender-se. "Olhe, quando eu me manifestei contra irmos à guerra no Iraque, em 2002, Bush estava com 60%-65% de popularidade nas pesquisas. Eu coloquei em risco minha viabilidade como candidato ao Senado americano. Hoje parece uma coisa fácil de fazer, mas na época não foi." Ele tem razão: não foram poucos os seus potenciais rivais para a Presidência em 2008 que votaram a favor de autorizar Bush a usar a força militar no Iraque. Então Obama voltou ao assunto da energia. "Quando defendo a elevação dos padrões de economia de combustível, isso não pega bem com o United Auto Workers (o sindicato de trabalhadores da indústria automobilística), e eles são grandes amigos meus... Veja bem,

**GRITOS DE APOIO** *As aparições públicas de Obama, como esta em Detroit, foram eventos inspiradores*

não é meu estilo ofender pessoas ou ser polêmico, simplesmente para ser polêmico. Isso faz as pessoas ficarem na defensiva e mais resistentes a mudanças."

Por falar em ficar na defensiva, foi a primeira vez que vira Obama não inteiramente à vontade. E seu desconforto trouxe à tona o delicado mecanismo de balanceamento intelectual que ele aplica a cada declaração e gesto, a cada momento público de sua vida. "Ele está percorrendo uma corda bamba muito perigosa", me disse Shelby Steele. "Precisa continuar a agradar aos brancos, sem ofender os negros, e vice-versa. Você quer que ele assuma riscos políticos? Simplesmente ser quem ele é já é assumir um risco tremendo."

De volta a nossa entrevista, estendi a Obama um ramo de oliveira, mas com alguns espinhos: disse que talvez minhas expectativas fossem altas demais quando lhe pedia que fosse ousado em relação aos problemas concretos. "Não", disse ele, e retornou mais uma vez à política energética e à ideia de Al Gore para uma troca de impostos. "É uma ideia inteligente. Vou ligar para Gore e conversar sobre isso. Pode ser alguma coisa à qual eu queira aderir." Mas ele ainda não está preparado para dar esse salto. A ousadia precisa ser planejada, e não anunciada de qualquer jeito — e há perguntas de todo tipo sobre as quais refletir antes de ele dar o próximo passo. "Ao depositar suas expectativas em mim agora, não se esqueça de que não anunciei que vou me candidatar em 2008. Eu imagino que você tenha expectativas muito altas em relação a qualquer pessoa que vá se candidatar em 2008."

*— Artigo publicado na revista TIME em 23 de outubro de 2006*

# A dádiva de Michelle

*Um romancista parte em busca da Michelle Obama real — e descobre os valores simples, fundamentais e atraentes da nova primeira-dama dos Estados Unidos*

**CURTIS SITTENFELD**

MICHELLE OBAMA É ALTA, INTELIGENTE, divertida, descontraída e, basicamente, tão brilhante e equilibrada — se ela é atraente em fotos, é simplesmente deslumbrante em pessoa — que quase se tem a impressão de que nasceu para ser primeira-dama. Ou pelo menos foi essa a conclusão à qual cheguei depois de me sentar com ela no Westin Tabor Center, em Denver, durante a convenção nacional do Partido Democrata, em agosto. Eu a seguia havia alguns dias, de uma plateia extasiada a outra, incluindo o público presente a um evento de serviço comunitário para soldados no qual um veterano da guerra do Iraque a apresentou, anunciando: "Madame, sei que a senhora não esteve nas Forças Armadas, mas eu a seguiria para qualquer lugar". Se tudo isso não tivesse me convencido (afinal de contas, era a convenção democrata), bastariam os primeiros 30 segundos de nossa entrevista para que ela me conquistasse. Aconteceu quando perguntei se ela ficava entediada por fazer o mesmo discurso inúmeras vezes, e ela respondeu sem hesitar: "Totalmente!".

Não é que eu não gostasse de Michelle Obama (vou abrir o jogo: votei em Hillary Clinton na primária democrata do Missouri). Mas, depois de escrever um romance sobre uma primeira-dama inspirada em Laura Bush, eu via Michelle como, no mínimo, controversa. Em junho, quando ela fez uma visita ao *The View* para falar sobre questões políticas tão importantes quanto o uso de meias-calças, sua participação no programa foi vista como "investida de charme" cujo objetivo seria reabilitar uma imagem prejudicada por, entre outras coisas, a observação agora infame que fizera em um discurso alguns meses antes: "Pela primeira vez em minha vida adulta, sinto orgulho de meu país, porque a sensação que tenho é que a esperança está voltando". Eu sabia, também, que algumas pessoas consideravam Michelle "mesquinha", "metida" ou "radical" — não eu, claro. Quando comecei a perguntar por aí, porém, descobri muitos americanos que, pelo contrário, pareciam estar mais deslumbrados com Michelle que com seu marido — incluindo uma mulher branca que comprou o primeiro exemplar da revista *Ebony* de sua vida porque Michelle estava na capa, e o cinegrafista de Denver que cumprimentou Michelle e então declarou que nunca mais lavaria as mãos. Ele me garantiu que em situações desse tipo costuma ser blasé, mas que Michelle era a reencarnação de Jackie O.!

Em nossa entrevista, perguntei a Michelle o que explica a discrepância entre a admiração que ela inspira e o tipo de calúnias feitas na blogosfera e em programas de entrevistas na

**TRANQUILA** *A primeira-dama dos Estados Unidos sobreviveu a calúnias e ataques feitos em programas de rádio e blogs de direita*

rádio, que levaram a *New Yorker*, mesmo em tom de brincadeira, a publicar a capa com uma charge de Michelle e seu marido no Salão Oval, usando cabeleira afro e brandindo um fuzil AK-47. "Já percebi que há dois tipos de conversa", disse ela. "Uma é a dos palpiteiros — as pesquisas, os escritores, as pessoas bem-informadas, elas fazem parte de um conjunto de conversas —, e outra é a que acontece em campo. Aprendi desde cedo a basear minhas reações no que vejo acontecendo em campo, porque, para mim, é um reflexo mais exato — mesmo nas primárias, como ficou claro depois. Se você estivesse lendo os jornais, não teria previsto o resultado de Iowa [onde Obama saiu vitorioso da prévia de 2008]. Mas se estivesse lá poderia sentir no ar a possibilidade clara do resultado."

Minha teoria é que a mídia, reforçada pelas reflexões conservadoras sobre o que gostariam que acontecesse, ficou entediada com a história inicial sobre Michelle Obama — que ela era uma profissional liberal bem-sucedida oriunda da classe operária, com diplomas de Princeton e Harvard e um pendor por lançar farpas de esposa sobre o hálito matinal de seu marido — e inventou a narrativa de Michelle como desvantagem, para fazer uma cobertura mais divertida. Com certeza parece que Michelle pagou um preço político tão alto por sua declaração sobre orgulho em seu país (que na realidade ofendeu a maioria das pessoas) quanto Cindy McCain pelas coisas que deixou a desejar.

A dança delicada que Michelle tem que executar recorda o axioma de que os negros precisam ser duas vezes melhores que os brancos para conseguir a metade do que estes conseguem. Alguns democratas — e feministas — manifestaram decepção com seu discurso na convenção, com seu subtexto "ignorem minha raça e o fato de eu ter estudado nas melhores universidades do país, e vejam como sou calorosa, maternal e nada ameaçadora". Mas outros — incluindo, presume-se, a própria Michelle — reconheceram essa abordagem "soft" como sendo necessária.

O comentário mais doloroso que eu a ouvi fazer durante os dias em que a acompanhei foi um que ela dividiu com um grupo de cinco mulheres, colunistas de jornais. Como profissional liberal negra que cresceu numa família estável e hoje tem sua própria família estável, ela disse às colunistas: "Às vezes tenho a impressão de que as pessoas acham que não existo. Parece que sou a primeira pessoa de meu tipo que o país já viu." Ou, como disse Whoopi Goldberg durante a aparição de Michelle no *The View*, em junho: "Tenho que admitir que fico realmente feliz de vê-la, porque sempre que você vê pessoas negras no noticiário, especialmente mulheres, elas não têm dentes, ou os dentes estão com obturações de ouro, e elas não conseguem proferir uma sentença coerente".

Quando conversamos, eu me perguntei se deveria realmente ser responsabilidade de Michelle refutar vieses como esse. Michelle respondeu que já está acostumada com isso. "Essa tem sido minha experiência, em toda a minha vida", disse ela. "É por isso que a educação é tão importante. Crescemos em nossas comunidades, nossos bairros e nossas famílias, e sabemos o que sabemos. Não há culpa. Mas, quando as pessoas têm a chance de interagir e conversar — não é preciso sequer viver sob o mesmo teto. Há muitas pessoas que fizeram faculdade comigo que me viram e me conheceram, e, quer tenham me conhecido pessoalmente ou não, elas levaram essa experiência com elas. Essa é a natureza da vida quando você faz parte de uma minoria, na maioria das situações... Sinto que é um papel que devo exercer."

O FATO DE QUE ELA VEM EXERCENDO ESSE PAPEL HÁ TANTO TEMPO ajuda a explicar a aparente facilidade com a qual vem enfrentando a intensidade da campanha. "Quando você é alguém que ultrapassou as fronteiras normais do que se imagina que sua vida deva ser — por estudar em Princeton, por exemplo —, você se preocupa, achando que talvez não esteja preparada, porque todo mundo disse que não está. Aí você chega lá e percebe: 'estou preparada, sim!'." Ela riu. "Acho que estamos mais preparados para certas situações do que imaginamos."

Se a campanha teve seus momentos difíceis, o que surpreende é quão pouco Michelle parece viver na defensiva: os momentos mais divertidos de suas aparições públicas, e que mais conquistam seus interlocutores, são improvisados, quer esteja se gabando a uma plateia de Denver por estar usando sapatos confortáveis ou se referindo a Barack como "esse sujeito que conheço, esse homem com quem me casei", antes de acrescentar em tom travesso "esse fofo". Qualquer pessoa que duvide de seu charme improvisado e natural deveria procurar no YouTube o clipe em que ela está fazendo um discurso ao ar livre e seu vestido voa para cima com o vento. Segurando o vestido habilmente, ela diz à plateia: "Não estou querendo me exibir. Não quero estar no YouTube".

E é essa a maior dádiva de Michelle: sua facilidade em relacionar-se com pessoas comuns, e vice-versa. Embora ela seja mais alta, esteja mais em forma e seja mais instruída que a maioria de nós, ela é totalmente plausível como pessoa que vive no mesmo mundo que nós, que consome a mesma cultura pop (alguém aí quer o *US Weekly*?), que compra nas mesmas lojas (Target, Gap) e que é obrigada a encarar a maioria dos mesmos malabarismos pessoais e profissionais.

Poucos cônjuges políticos na memória recente, e ainda menos primeiras-damas, nos pareceram tão familiares. Tome-se o caso de Laura Bush, por exemplo. Sou fã dela, em grande medida porque ela transmite a impressão de ser uma pessoa verdadeiramente decente e bondosa. Sua combinação de curiosidade intelectual e discrição total me intriga. Mas, se Laura inspira minha afeição e simpatia, a verdade é que não me identifico com ela, exatamente. Ela é de uma geração mais velha e fez escolhas, como a de largar seu emprego depois de se casar, mas antes de ter filhos, que são escolhas de um outro tempo. Contrastando com isso, Michelle Obama teve renda maior que a do seu marido durante parte da vida conjugal deles.

E, contrariamente ao que ela afirma, Michelle não é a primeira pessoa de seu tipo que já vi; na realidade, ela tem uma característica muito específica, embora eu tenha levado tempo, até depois da convenção, para me dar conta de qual é esse tipo. Desconfio que essa pessoa será uma figura familiar para qualquer um que, nos últimos 25 anos, tenha sido uma mulher jovem, de formação universitária e que está em seu primeiro emprego de verdade: um emprego no qual há uma mulher oito ou dez anos mais velha que você, que não é apenas visivelmente boa no que faz, como também é autoconfiante, cordial e leva uma vida ocupada que inclui um marido simpático, uma casa bonita e talvez um ou dois filhos. E você pensa que talvez, se tudo der certo, sua própria vida pode acabar saindo como a dela.

*— Artigo publicado na revista TIME em 6 de outubro de 2008*

**3 DE JUNHO DE 2008**
**COM JEITO DE VENCEDOR**

*Obama sobe de elevador a um comício na arena Xcel em St. Paul, Minnesota, após obter apoio suficiente de delegados e superdelegados para garantir sua indicação*

**2 DE OUTUBRO DE 2008**
**UM PAI COMO OUTRO QUALQUER**

*Em uma rara manhã de descanso em Chicago, Obama leva as filhas Malia (à esquerda) e Sasha à escola*

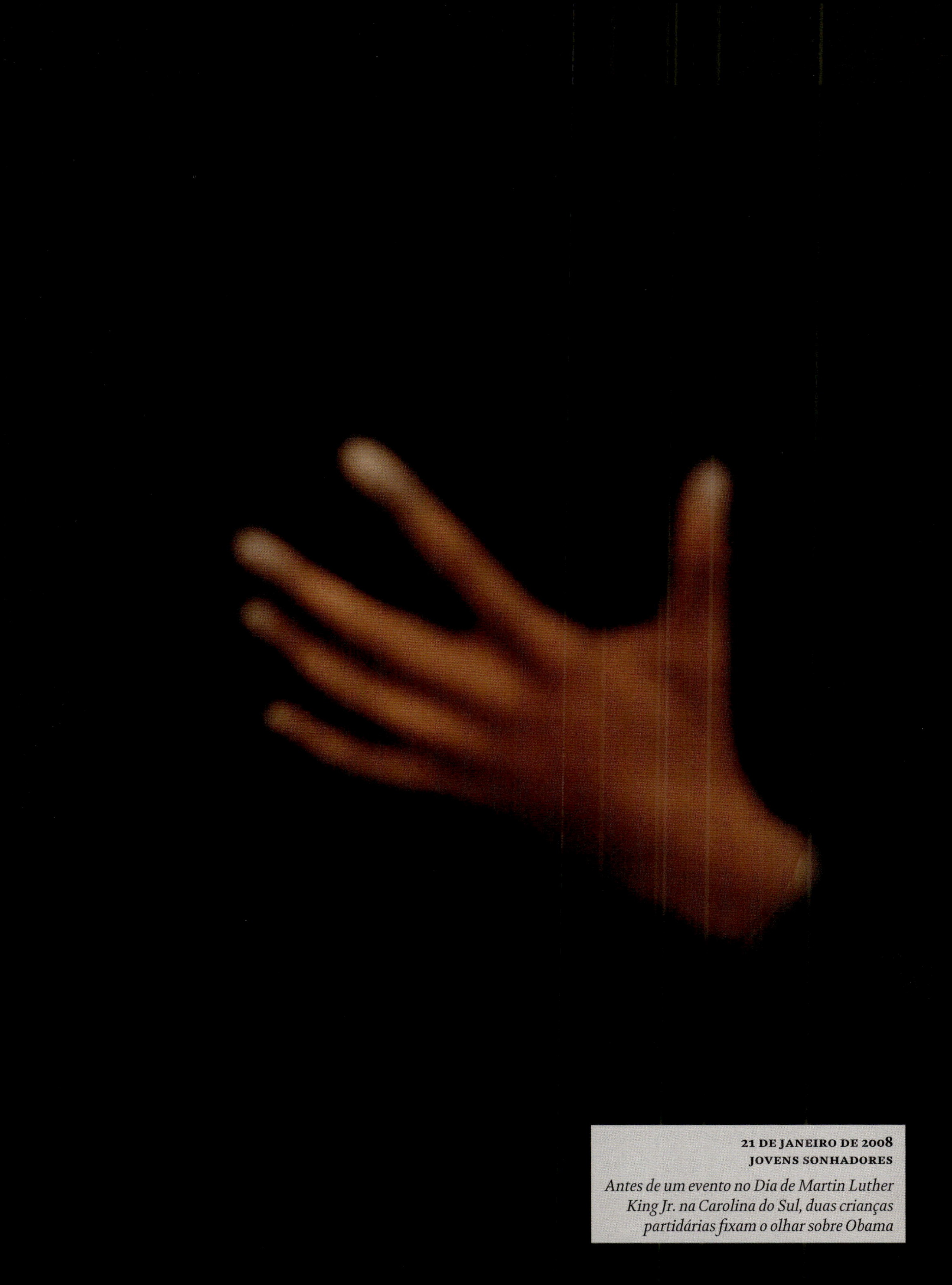

**21 DE JANEIRO DE 2008**
**JOVENS SONHADORES**

*Antes de um evento no Dia de Martin Luther King Jr. na Carolina do Sul, duas crianças partidárias fixam o olhar sobre Obama*

**5 DE ABRIL DE 2008**
**TRAÇO COMPETITIVO**

*Para não ser superado por dois assessores que fizeram duas flexões cada, Obama faz três antes de falar à multidão na Universidade de Montana*

**2 DE NOVEMBRO DE 2007**
**ROMPENDO BARREIRAS**

*Em Manning, Carolina do Sul, uma multidão assiste ao discurso de Obama diante de um tribunal. Ele deu duro no palanque para convencer eleitores negros céticos de que conseguiria realmente vencer*

**28 DE AGOSTO DE 2008**
**UM CAMINHO PELA FRENTE**

*Depois de aceitar a indicação democrata, Obama leva sua família para saudar a multidão, que os aplaudia, no Invesco Field, em Denver*

# A história de uma mãe

*A pessoa que exerceu a maior influência sobre Obama foi uma mulher desconhecida pela maioria dos americanos. Veja como a vida incomum da mãe moldou sua visão do mundo*

**AMANDA RIPLEY**

Cada um vive uma vida de verdades contraditórias. Não somos uma coisa ou outra. A mãe de Barack Obama foi pelo menos uma dúzia de coisas. Ann Soetoro foi uma mãe adolescente que mais tarde obteve um Ph.D. em antropologia; uma mulher branca do meio-oeste americano que se sentiu mais à vontade vivendo na Indonésia; alguém com dom natural para ser mãe, mas obcecada por seu trabalho; uma pragmática romântica, se é que isso é possível. "Quando penso em minha mãe", Obama me disse, "acho que houve uma certa combinação de ser muito enraizada em quem ela era, naquilo em que acreditava. Mas também havia uma certa temeridade. Acho que estava sempre procurando alguma coisa. Ela não se sentia bem vendo sua vida confinada numa caixa determinada."

A mãe de Obama foi uma sonhadora. Ela fez apostas arriscadas que só deram certo algumas vezes — escolhas com as quais seus filhos foram obrigados a conviver. Ela se apaixonou — duas vezes — por colegas, estudantes de países distantes dos quais ela não sabia nada. Os dois casamentos fracassaram, e ela apoiou-se em seus pais e amigos para ajudar a criar os dois filhos. "Ela chorava muito quando via animais sendo tratados com crueldade, ou crianças no noticiário, ou um filme triste — ou sentia que não estava sendo compreendida numa conversa", contou sua filha, Maya Soetoro-Ng. No entanto, disse Soetoro-Ng, ela era destemida. "Ela era muito eficiente. Saía de motocicleta e fazia trabalho de campo rigoroso. Ela enxergava a raiz de um problema e sabia a quem responsabilizar."

Obama é em parte fruto daquilo que sua mãe não foi. Enquanto sua mãe carregou seus filhos para países distantes e chegou a viver longe de seu filho quando ele era adolescente, Obama vem procurando enraizar sua família no meio-oeste. "Criamos estabilidade para nossos filhos de uma maneira que minha mãe não fez para nós", disse ele. "O fato de eu ter escolhido criar raízes em Chicago e me casar com uma mulher que é muito enraizada em um lugar provavelmente indica um desejo de estabilidade que talvez me tenha feito falta."

Ironicamente, a pessoa que teve a maior importância na vida de Obama é aquela sobre a qual sabemos menos — possivelmente porque ser parcialmente africano nos Estados Unidos ainda seja visto como ser negro, simplesmente, e a cor ainda é a preocupação que passa à frente de todas as outras. Não sobra espaço suficiente na conversa para o resto da história de um homem. Mas Obama é filho de sua mãe. Em seu discurso sobre o que pode ser, e não sobre o que foi, é possível enxergar um traço da confiança de sua mãe. Quando ele recebeu doações de pessoas que nunca

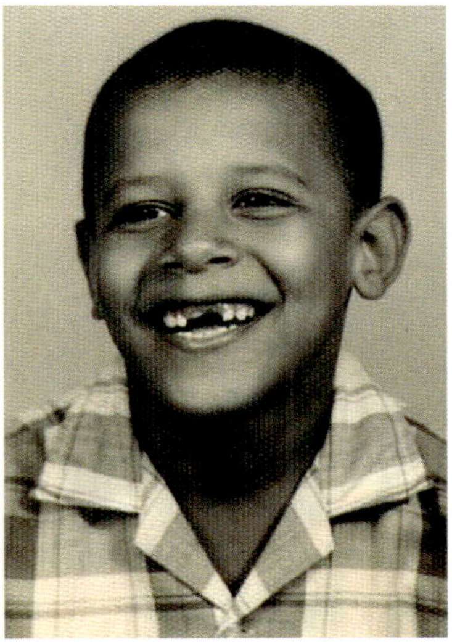

CORTESIA DE OBAMA FOR AMERICA (4)

**HERANÇA** *A mãe de Obama, com seus pais (acima à direita), no Kansas nos anos 1940: ela transcendeu a criação de classe média do meio-oeste tornando-se mãe solteira destemida e defensora dos pobres na Indonésia. Obama, com sua mãe (à esquerda), no Havaí em 1962, e com cerca de 6 anos (acima): ele herdou dela a mente penetrante e a atitude destemida. Seu carismático pai, Barack (acima ao centro), deixou o filho quando este tinha 1 ano, retornando apenas uma vez antes de sua morte em 1982.*

antes tinham acreditado na política, elas estavam reagindo à capacidade de Obama — herdada de sua mãe — de apresentar argumentos poderosos sem recorrer a qualquer sinal de ideologia. Quando Obama descobre como comover uma multidão de pessoas muito diferentes dele, provavelmente ajuda ter uma mãe que olhava para culturas diferentes com a admiração com que outras pessoas estudam pedras preciosas.

A MÃE DE OBAMA, STANLEY ANN DUNHAM, nasceu em 1942, numa América do Norte dominada pela guerra, pela segregação racial e pela desconfiança em relação às diferenças. Recebeu o nome de Stanley porque seu pai, vendedor de móveis, queria um filho. Depois de ter mudado de casa pelo menos cinco vezes — para cidades em Kansas, Califórnia, Texas e Washington —, ela passou seus anos de colégio numa ilha próxima a Seattle, tendo aulas avançadas de filosofia. "Era uma garota muito inteligente e quieta", recordou Maxine Box, sua amiga de colégio. "Não tinha interesse em ter filhos ou se casar." Depois de ter concluído o colégio, seu pai fez a família mudar novamente — dessa vez para Honolulu, no novo Estado do Havaí, onde ouvira falar da existência de uma nova e grande loja de móveis. Stanley acompanhou a família outra vez, a contragosto, matriculando-se na Universidade do Havaí.

Pouco antes de mudar-se para o Havaí ela assistiu ao primeiro filme estrangeiro de sua vida, *Orfeu Negro*, uma história sentimental — para alguns, condescendente — sobre amor trágico, filmado no Brasil. Anos mais tarde, Obama viu o filme com sua mãe e pensou em sair na metade da sessão. Mas olhando para ela no cinema teve um vislumbre de como ela deveria ter sido aos 16 anos. Em sua autobiografia, *A Origem dos Meus Sonhos*, ele escreveu: "De repente me dei conta de que o retrato de negros que lembravam crianças, como os que eu estava vendo na tela, era o que minha mãe carregara com ela ao Havaí tantos anos antes, um reflexo das fantasias simples que tinham sido proibidas a uma garota branca de classe média do Kansas — a promessa de outra vida, calorosa, sensual, exótica, diferente".

Quando chegou à faculdade, Stanley já começara a apresentar-se como Ann. Ela conheceu Barack Obama, pai, numa aula de russo. Ele era um dos primeiros africanos a estudar na Universidade do Havaí e alvo de muita curiosidade. "Ele tinha personalidade magnética", recordou Neil Abercrombie, deputado do Havaí que foi amigo de Obama, pai, na faculdade. "Tudo o que saía de sua boca era um discurso, até mesmo a observação mais corriqueira." O pai de Obama rapidamente atraiu uma multidão de amigos na universidade. "Tomávamos cerveja, comíamos pizza e ouvíamos discos", lembrou Abercrombie. Eles falavam do Vietnã e de política. "Todo mundo tinha opinião, e todos eram da opinião de que todos queriam ouvir sua opinião. E ninguém era mais assim que Barack." A exceção era Ann, a moça quietinha que ficava no canto. Os amigos de Obama sabiam que ele estava namorando uma moça branca, mas agiam como se não fosse nada fora do comum. Afinal, era o Havaí, um lugar conhecido por ser um caldeirão de culturas.

Em 2 de fevereiro de 1961, vários meses depois de seu primeiro encontro, os pais de Obama se casaram em Maui. Ann já estava grávida de três meses de Barack Obama. Os amigos só ficaram sabendo do casamento mais tarde. As motivações ainda são um mistério, até mesmo para Obama. "Nunca perguntei os detalhes a minha mãe. Será que eles decidiram se casar porque ela estava grávida? Ou ele a pediu em casamento da maneira tradicional?", indagou-se Obama. "Se ela não tivesse falecido, acho que eu lhe teria feito mais perguntas."

Quando Obama tinha quase 1 ano, seu pai partiu para Harvard para obter seu Ph.D. em economia. Ele tinha um plano: voltar ao Quênia e ajudar a reconstruir o país. Queria levar sua família com ele. Mas no Quênia ele também tinha uma esposa de um casamento anterior. No final, Ann decidiu não acompanhá-lo. "Ela não nutria ilusões", disse Abercrombie. "Ele era um homem de seu tempo, vindo de uma sociedade extremamente patriarcal." Ann entrou com pedido de divórcio em Honolulu em janeiro de 1964, alegando "sofrimento mental penoso" — a razão apresentada na maioria dos pedidos de divórcio, na época.

Ann já tinha feito coisas que a maioria das mulheres de sua geração não fizera: se casara com um africano, tivera um filho desse casamento e se divorciara. Naquele momento, sua vida poderia ter se estreitado — ela poderia ter se tornado uma mulher marginalizada, voltada sobretudo à criação de seu filho. Ela poderia ter enchido a cabeça do menino com ressentimentos justificados contra o pai ausente. Mas não foi o que aconteceu.

Quando o filho tinha quase 2 anos, Ann voltou à faculdade. O dinheiro era apertado. Ela recebia vale-alimentação e dependia de seus pais para cuidar do pequeno Barack. Na faculdade, conheceu outro estudante estrangeiro, Lolo Soetoro. Ele era descontraído, brincava alegremente com seu filhinho. Lolo a pediu em casamento em 1967. Quando mãe e filho foram encontrá-lo na Indonésia, mais tarde, foi a primeira vez que deixavam o país. "Quando descemos do avião, com o asfalto ondulado de calor e o sol forte como uma fornalha", recordou Obama mais tarde, "eu segurei forte na mão dela, determinado a protegê-la."

A casa de Lolo, nos arredores de Jacarta, era muito diferente dos edifícios altos de Honolulu. Não havia eletricidade, e as ruas não eram pavimentadas. Ann e seu filho foram os primeiros estrangeiros a viver no bairro, segundo moradores locais que se lembram deles. Dois filhotes de crocodilo ocupavam o quintal, ao lado de galinhas e aves-do-paraíso. Para fazer amizade com as crianças na casa ao lado, Obama sentou-se sobre o muro que separava as casas e agitou os braços como se fosse um pássaro, fazendo sons de gralha, recordou uma amiga dele, Kay Ikranagara. "As crianças deram muita risada." Obama foi estudar numa escola católica, a escola primária Franciscus Assisi (São Francisco de Assis). Ele chamava a atenção não apenas por ser estrangeiro, mas por ser mais rechonchudo que as crianças locais. Mas parecia fazer pouco caso da zombaria, comendo tofu e tempeh como todas as outras, jogando futebol e apanhando goiabas do pé.

À medida que Ann foi se interessando mais pela Indonésia, seu marido foi se ocidentalizando. Ele subiu na hierarquia de uma empresa petrolífera americana e levou a família para morar num bairro melhor. Ann ficava entediada nos jantares aos quais ele a levava, onde os homens se gabavam de suas tacadas no golfe e as mulheres reclamavam de suas empregadas indonésias. "Ela não estava preparada para a solidão", escreveu Obama em *A Origem dos Meus Sonhos*. "Era algo constante, como uma falta de ar." E, enquanto a Indonésia tem a maior população muçulmana do mundo, a família de Obama não era religiosa. "Minha mãe era uma das pessoas mais espiritualizadas que já conheci", disse Obama num discurso em 2007. "Mas nutria um ceticismo saudável em relação à religião como instituição. E, em consequência, eu sentia o mesmo."

Ann conseguiu um emprego lecionando inglês na embaixada americana. Ela ia ao quarto de seu filho todos os dias às 4h para lhe dar aulas de inglês, com a ajuda de um curso americano por correspondência. Depois de dois anos na escola católica, Obama foi transferido para uma escola primária do Estado, mais próxima de sua casa nova. Ele era o único estrangeiro na escola, disse Ati Kisjanto, um colega seu. À noite, para compensar a ausência de pessoas negras na vida de seu filho, Ann levava para casa livros sobre o movimento pelos direitos civis e gravações de Mahalia Jackson. Suas aspirações de harmonia racial eram simplistas. "Ela acreditava que, por baixo da pele, as pessoas são todas iguais", disse Obama, "que o preconceito de qualquer espécie era errado e que a meta era tratar todos como indivíduos singulares."

Em 1971, quando Obama tinha 10 anos, Ann o mandou de volta ao Havaí para viver com os avós e estudar no colégio de elite Punahou, no qual ingressara com bolsa de estudos. A decisão sofrida parecia refletir o valor que ela atribuía à educação. Obama, em seu livro, descreveu uma adolescência passada sob a sombra de um sentimento de isolamento. "Eu não sentia [a ausência dela] como privação", ele me disse. "Mas, quando penso que fui separado dela, desconfio que isso tenha tido um impacto maior do que eu me dou conta." Um ano depois, Ann voltou para o Havaí, trazendo com ela sua filha, mas deixando seu marido para trás. Ela se inscreveu num programa de mestrado, estudando a antropologia da Indonésia. Começou a encontrar sua própria voz. Pessoas que a conheceram antes disso a descrevem como quieta e inteligente; as que a conheceram depois usam termos como "direta" e "intensa". O marido de Ann fazia visitas frequentes ao Havaí, mas eles nunca voltaram a viver juntos (ela entrou com pedido de divórcio em 1980). Três anos depois de voltar ao Havaí, ela retornou à Indonésia para fazer trabalho de campo para seu Ph.D. Obama, que tinha cerca de 14 anos na época, disse que ficaria. Ele estava cansado de ser o estrangeiro.

NA INDONÉSIA, ANN BRINCAVA COM AMIGOS, dizendo que o filho só se interessava por basquete. "Ela achava que ele nunca desenvolveria uma consciência social", recordou Richard Patten, um colega. Ann obteve um emprego na Fundação Ford e passava muito tempo com os moradores de aldeias, aprendendo sobre suas prioridades e seus problemas. Ela se preocupava profundamente em ajudar mulheres pobres. "Falava sobretudo em termos positivos: o que estamos tentando fazer e o que podemos fazer", contou sua filha. "Ela não era ideológica", disse Obama. "Acho que herdei isso dela."

Enquanto sua mãe ajudava pessoas pobres na Indonésia, Obama, a 11 mil quilômetros de distância, tentava fazer algo semelhante em Chicago, como organizador comunitário. Os amigos de Ann dizem que ela ficou muito feliz com sua opção de carreira. "Todos nós sabíamos quão brilhante Obama era", recordou uma amiga de Ann, Georgia McCauley.

No outono de 1994, Ann estava jantando na casa de uma amiga em Jacarta quando sentiu uma dor no estômago. O médico diagnosticou indigestão. Alguns meses mais tarde, quando retornou ao Havaí, descobriu que era câncer ovariano e uterino. Morreu em 7 de novembro de 1995, aos 52 anos.

Antes de sua morte, Ann leu um rascunho da autobiografia do filho, que trata quase inteiramente de seu pai. Pessoas que a conheceram disseram que ela não se incomodou. "Ela sabia que era algo que ele precisava trabalhar", comentou Nancy Peluso, uma amiga. Nem Ann, nem seu filho sabiam o pouco tempo que lhes restava, e Obama já afirmou que seu maior erro foi não estar ao lado dela quando ela morreu. Ele foi ao Havaí para espalhar as cinzas de Ann no Pacífico. E ele certamente leva adiante o espírito da mãe. "Quando Barack sorri", disse Peluso, "há um ar da Ann. Ele se ilumina, como ela."

— Reportagem de Zamira Loebis e Jason Tedjasukmana.
*Publicado na revista TIME em 21 de abril de 2008*

**O GAROTO** *Os avós de Obama ajudaram a criá-lo: seu avô Stanley Dunham com Obama na praia (acima à esquerda). Apesar da ausência do pai e das finanças apertadas, eles procuraram lhe dar uma infância idílica no Havaí, com triciclo (acima à direita) e muita praia (direita). O casamento da mãe com o empresário indonésio Lolo Soetoro (a foto de família de 1968, acima, inclui a meia-irmã de Barack, Maya) acabou não dando certo. O pai de Obama (à direita com o filho, durante a visita ao Havaí, em 1971) incentivou-o a estudar e lhe contou histórias sobre as origens quenianas.*

POLARIS (5)

# Como ele aprendeu a vencer

*Derrotado em sua primeira grande corrida, Obama reformulou sua proposta e conquistou uma vaga no Senado. Veja como a política distrital em Chicago ensinou lições que lhe valeriam a Presidência*

**MICHAEL WEISSKOPF**

BARACK OBAMA NÃO TINHA MUITO TEMPO DE POLÍTICA quando levou uma surra nas urnas de Chicago, em 2000. Durante um breve período, ele pareceu inseguro quanto ao que fazer com sua vida. Quatro anos mais tarde, porém, já tinha conquistado uma vaga no Senado. E agora, apenas quatro anos depois disso, foi eleito presidente.

Como Obama foi tão longe, em tão pouco tempo? Boa parte da resposta pode ser encontrada nas lições aprendidas naquela primeira derrota. Seus assessores dizem que foi depois dessa corrida que Obama aprendeu a ser político. Ele deixou de lado o estilo oratório de Harvard, e aderiu a um discurso informal e mais próximo de seu público. Aprendeu a cultivar pessoas no poder. E aprendeu a ser coisas diferentes para pessoas diferentes: ora um reformista treinado por um mandachuva da política à moda antiga ora um advogado formado em Harvard cuja história de vida, marcada pelas conquistas obtidas com esforço próprio, lhe valia respeito entre os brancos. Obama descobriu "como agradar a eleitorados distintos sem deixar de ser coerente", disse Abner Mikva, um ex-juiz federal e parlamentar de Chicago.

Na época áurea da máquina política democrata de Chicago, em meados do século passado, a política era aberta apenas a quem contasse com um padrinho. Obama entrou para esse mundo quando ele já não era tão excludente. A organização partidária centralizada dividira-se num grupo de comitês distritais que operavam como feudos autônomos. Mas as práticas antigas custaram a desaparecer: a lealdade aos costumes era recompensada por novos mandachuvas que esperavam que os recém-chegados fizessem suas devidas contribuições — e esperassem sua vez. Uma exceção era Hyde Park, um bairro pequeno e racialmente integrado, habitado por profissionais liberais e que tinha longo histórico de política independente. Obama se mudou para lá quando era recém-formado, e em 1996 venceu sua primeira eleição, para representar Hyde Park no Senado. Depois de três anos na capital estadual de Springfield, começou a cobiçar uma vaga representando o Primeiro Distrito Congressional de Illinois.

O Primeiro Distrito tinha a mais longa representação negra contínua de qualquer distrito. Desde 1992, era representado por Bobby Rush, que cofundara o Partido Panteras Negras em Illinois antes de entrar para a política mais ampla. Mas Rush tropeçou feio em 1999 quando enfrentou o prefeito Richard M. Daley na primária para a prefeitura, perdendo até mesmo no próprio distrito da zona sul. Seu erro fez Obama pensar que poderia enfrentar Rush.

Durante a campanha, Obama argumentou que Rush tinha falhado como líder. Mas sua ora-

MARC POKEMPNER

**PRIMEIRA MÃO** *Nas primeiras campanhas, como esta para o Senado em meados dos anos 1990, Obama aperfeiçoou o tom e a abordagem*

tória era formal, em tom de professor universitário — "mais Harvard que Chicago", disse um assessor que vira Obama fazer uma plateia cochilar. O problema tinha raízes mais profundas que seu estilo oratório. Obama era um forasteiro cultural. "Ele estudou em Harvard e virou um bobo diplomado", disse Rush. O fato de não ter crescido na zona sul despertava suspeitas. Sua mãe branca e seu jeito de quem pertencia ao establishment, também. O primeiro contato de Obama com a política racial foi a percepção de que não era negro o suficiente. "Barack é visto em parte como homem branco com maquiagem negra", afirmou o senador Donne Trotter na época. Não ajudaram os fatos de Obama ter faltado a uma votação crucial sobre controle de armas e de o presidente Bill Clinton ter endossado Rush publicamente. No final, Rush ficou com 61% dos votos, contra 30% de Obama. Nos distritos negros, Obama perdeu por grande margem: quatro a um. "Confesso a vocês", disse ele a cerca de 50 partidários naquela fria noite eleitoral de março, "vencer é melhor que perder."

A CAMPANHA DEIXOU OBAMA COM 60 MIL DÓLARES em dívidas e a incerteza quanto ao futuro. Porém, ele enxergou uma saída. O único distrito em que tinha vencido era de população majoritariamente branca, trabalhadora e de origem católica irlandesa, o que sugeria aceitação maior entre eleitores brancos. Mas, se Obama quisesse dar aquele salto, precisaria da ajuda de homens como Emil Jones. Ex-inspetor de esgotos em Chicago, o matreiro afro-americano Jones subira na máquina democrata até tornar-se presidente do Senado de Illinois, em 2003. No início daquele ano ele se reuniu com Obama na sede do Legislativo estadual. Obama encontrara uma corrida que o agradava: um senador republicano seria candidato à reeleição em 2004. Para que Obama pudesse ter qualquer esperança de vencer, teria que superar dois pontos fracos: o pouco apoio dos negros de classe trabalhadora e a escassez de nomes regulares do partido. Jones tinha em mãos a chave de ambos os problemas. Obama lhe disse: "Você tem o poder de me tornar um senador dos Estados Unidos". Jones ouviu o que tinha a dizer e respondeu: "Vamos nessa".

Ao aderir precocemente a Obama, Jones impediu que rivais dele ganhassem endossos importantes. O candidato Blair Hull tinha direito ao apoio do governador Rod Blagojevich, cuja vitória em 2002 ajudara a subvencionar. Mas, nas palavras de Jones, "o governador precisa de apoio para suas iniciativas, então naturalmente não vai correr o risco de me desagradar". Blagojevich manteve-se neutro. O auditor de Illinois Dan Hynes era o suposto favorito, sendo filho de um ex-presidente do Senado e forte aliado de Daley. A confederação sindical AFL-CIO preparava-se para apoiar Hynes. Jones telefonou para a presidente: "Se apoiá-lo, perderá meu apoio". O sindicato afastou-se, dando a Jones e a Obama tempo para conseguir apoio de sindicatos filiados que tinham bases grandes de membros, principalmente negros. Diante da probabilidade de Hull e Hynes dividirem o voto branco, Obama precisaria do apoio absoluto dos afro-americanos. Em seus sete anos em Springfield, ele ficara conhecido sobretudo por aprovar leis de reforma ética, não de justiça social. Mas agora Jones tinha o controle e escolheu Obama para conduzir (e receber crédito por) leis aprovadas após anos de reivindicações da comunidade negra: a reforma da pena de morte, o aumento dos créditos fiscais para a população trabalhadora e uma medida para limitar o "perfilamento racial" (a inclusão de características raciais no cálculo da polícia sobre a probabilidade de pessoas cometerem determinadas infrações).

Enquanto isso, Obama deixou de lado o estilo oratório empolado. Dan Shomon, que administrou sua campanha contra Rush, acha que Obama aprendeu a arte de falar com o público nas dezenas de igrejas negras que visitou em 2000, absorvendo o ritmo e os floreios dos pastores e observando como reagiam as congregações. Ele dava ênfase a sua fé cristã e fazia menções frequentes a seu próprio pastor, Jeremiah Wright, que se tornaria alvo de atenções negativas no ano eleitoral, desviando atenção do próprio Obama. E buscou em sua história de vida elementos que ampliassem o apoio dos brancos. Sua ascensão de uma origem modesta até o ponto mais elevado da educação servia como paralelo à luta diária das pessoas comuns.

E, mesmo que Obama não pudesse conquistar o apoio da máquina política dos Daley — sabia que ela daria seu apoio a Hynes —, demonstrou astúcia ao plantar algumas sementes políticas. Escreveu a Bill Daley, sábio democrata de longa data, dizendo que, embora fosse inteiramente correto que os Daley apoiassem um amigo leal, esperava que ficassem a seu favor caso vencesse a primária. "Pensei, 'está aí uma iniciativa inteligente'", disse o Daley mais jovem, que apoiou Obama na disputa pela Casa Branca.

Obama estava fazendo política em altos escalões e construindo uma organização que financiasse tudo isso. Na derrota de 2000, ele levantara 600 mil dólares, uma cifra estarrecedora para um candidato de primeira viagem. Agora ele lançou um desafio a Marty Nesbitt, um destacado arrecadador de fundos, que recorda-se de Obama dizendo: "Se conseguir 4 milhões de dólares, terei 40% de chances de vencer; se levantar 10 milhões, garanto que ganharei". Disse Nesbitt: "Era uma questão de ter o dinheiro necessário para contar sua história". Obama já abrira um rico veio de dinheiro na elite empresarial negra de Chicago. Ele colocou em seu comitê de finanças o magnata imobiliário Tony Rezko. Mas para levantar 10 milhões de dólares teria que conquistar os maiores doadores de Chicago, a maioria dos quais não tivera nenhum contato pessoal com ele. Muitos, porém, conheciam seu círculo negro mais íntimo. Nesbitt conhecia muito bem Penny Pritzker, do clã proprietário dos hotéis Hyatt, e já falara com ela sobre os planos de Obama para o Senado. A princípio, Pritzker se mostrou cética, mas, num fim de semana na casa de campo dela, Obama conquistou sua confiança, ganhando uma aliada cuja agenda continha os nomes das principais figuras empresariais, culturais, judaicas e filantrópicas de Chicago, ajudando-o a levantar quase 6 milhões de dólares na primária.

A corrida de Obama por um cargo mais alto acabou sendo facilitada. Seus rivais democratas dilaceraram um ao outro, permitindo a ele manter um tom nobre. Na corrida pelo Senado, Obama levou quase 53% dos votos numa disputa entre três candidatos. Em seguida, ele esmagou o republicano Alan Keyes, conquistando a cadeira. As sementes do futuro político de Obama foram plantadas durante aquela campanha. Na festa de sua vitória na primária, em maio de 2004, ele chamou a atenção para o triunfo improvável de "um sujeito magrelo da zona sul com um nome diferente". Então repetiu a fala que tinha coroado sua campanha: "Sim, podemos".

*— Artigo publicado na revista TIME em 19 de maio de 2008*

**21 DE ABRIL DE 2008**
**EXPLICANDO SEU PLANO PARA A ÁREA DA SAÚDE**

*Obama para num restaurante em Scranton, Pensilvânia, para cumprimentar os moradores, um dia antes da primária no Estado*

**4 DE JULHO DE 2008**
**BAMBOLÊ**

*Mesmo no auge da campanha havia momentos de descontração, como neste piquenique em Butte, Montana*

**19 DE ABRIL DE 2008**
**AUTÓGRAFOS**

*Enquanto percorre a Pensilvânia de trem em um dia, Obama tira um tempo para autografar exemplares de seus livros na estação ferroviária de Lancaster*

**3 DE JUNHO DE 2008**
**CONSEGUIMOS**

*Com a indicação praticamente assegurada pelo Partido Democrata, Obama compartilha um momento com Michelle antes de enfrentar a multidão na arena Xcel em St. Paul, Minnesota*

**18 DE OUTUBRO DE 2008**
**ELAS QUEREM MUDANÇAS**
*Obama acena para as cerca de 100 mil pessoas que compareceram ao comício sob o arco Gateway em St. Louis, Missouri. Foi a maior multidão em um evento de sua campanha nos Estados Unidos*

OBAMA
BIDEN
CHANGE
WE NEED

RAIL MIX

**6 DE JANEIRO DE 2008**
**MOMENTO DE DESCANSO**

*No meio de um longo dia de eventos em New Hampshire, Obama tira um cochilo em seu ônibus de campanha entre um comício e outro*

# Nasce um astro

*Na convenção democrata de 2004, Obama se apresentou ao país e deslumbrou os espectadores com um discurso apaixonado, repleto de esperança, sobre "uma só América"*

**AMY SULLIVAN**

CARREIRAS POLÍTICAS JÁ FORAM LANÇADAS EM CONVENÇÕES. Hubert Humphrey era o prefeito de Minneapolis em 1948 quando exortou os democratas, em sua convenção, a aderir à causa dos direitos civis. Ronald Reagan ainda era ator quando eletrizou a convenção republicana de 1964 com um discurso apoiando a indicação de Barry Goldwater. Mas 20 anos se passariam até Humphrey tornar-se o candidato presidencial de seu partido, e 16 anos até Reagan ser o escolhido dos republicanos. E então houve O Discurso — o discurso proferido por Barack Obama na convenção do Partido Democrata em Boston, em 2004, que impeliu sua trajetória política quase diretamente até a Casa Branca.

Obama era senador quando discursou na convenção. Em 2000, ele nem sequer tinha recebido uma credencial da delegação de Illinois. Mas em 2004 Mary Beth Cahill, a administradora da campanha de John Kerry, o escolheu para fazer o discurso principal. Ela precisava de alguém que fosse capaz de energizar os eleitores, e, num comício com Kerry em Chicago, naquela primavera, Obama tinha roubado a cena.

Ele fez o discurso de sua vida. Obama mostrou-se impressionantemente à vontade em sua primeira aparição nacional, arrancando aplausos e improvisando falas como se tivesse feito isso muitas vezes antes. E demonstrou habilidade precoce na redação de discursos. Ciente de que a maioria dos espectadores nunca ouvira falar dele, Obama esboçou com inteligência sua história pessoal complexa. Transmitiu amor por sua família, mas, quando observou que seu pai e sua mãe tinham morrido, pareceu apresentar-se tanto como órfão quanto como filho da pátria americana. "Em nenhum outro país do mundo minha história seria sequer possível", disse ele.

Ao demonstrar como "um rapaz magrelo com nome engraçado" podia ter algo em comum com americanos de todos os segmentos da sociedade, Obama então falou sobre os papéis dos indivíduos e do Estado na resolução dos problemas da sociedade. O governo tem responsabilidades, argumentou, mas os pais e as comunidades, também. "Os pais precisam cuidar de seus filhos: as crianças não poderão realizar coisas a não ser que elevemos suas expectativas, desliguemos os televisores e acabemos com a calúnia que afirma que um jovem negro com um livro nas mãos está agindo como branco." Era uma mensagem poderosa, especialmente por partir de um político negro, e deixou claro para os ouvintes brancos que Obama não fazia parte da escola política estridente e divisora de ativistas dos direitos civis como Jesse Jackson ou Al Sharpton.

Ele falou com paixão sobre "uma só América". Embora a ideia de "duas Américas" fosse um

ANTHONY SUAU PARA TIME

**A GRANDE ATRAÇÃO** *Obama apresentou uma visão otimista para o país e desafiou seus concidadãos a ousarem*

argumento definitivo da campanha Kerry-Edwards, Obama apresentou uma visão mais positiva e unida. Era em parte comunitária — "eu sou o guardião de meu irmão; sou o guardião de minha irmã" —, e em parte repreensiva aos ideólogos da direita e da esquerda. "Não existe uma América progressista e uma América conservadora", insistiu Obama. "Há os Estados Unidos da América." Ele reforçou tudo isso com uma mensagem de otimismo retumbante, perguntando à multidão: "Nós participamos de uma política do cinismo ou de uma política da esperança?". "Esperança!", as pessoas gritaram de volta. A esperança, ele concluiu, "é a maior dádiva que Deus nos deu, é o alicerce desta nação; a fé em coisas não vistas, a fé em que há dias melhores pela frente".

Obama estava testando a capacidade de audácia do país. E funcionou. Ao longo da campanha de 2008, partidários em todo o país apontaram para aquela noite como o momento em que decidiram unir-se a um sujeito cujo nome ainda não sabiam pronunciar. No dia 4 de novembro, a maioria dos americanos apostou na esperança.

# Derrotando Hillary

*Ao construir uma nova máquina política, Obama tornou-se o primeiro democrata emergente em décadas a destronar uma candidata vista como favorita. Em entrevista exclusiva, ele descreveu o caminho que o levou a uma vitória histórica*

**KAREN TUMULTY**

BARACK OBAMA ESTAVA FAZENDO CAMPANHA na Carolina do Sul em outubro de 2007 quando recebeu um telefonema urgente de Penny Pritzker, a magnata hoteleira que encabeçava o comitê financeiro de sua campanha. Cerca de 200 de seus maiores arrecadadores de fundos estavam reunidos em Des Moines, Iowa, e o clima entre eles era de quase pânico. A equipe de Pritzker tinha levantado dinheiro mais rapidamente que qualquer outra campanha na história. Seu candidato estava atraindo multidões em toda parte. Mas ainda estava 20 pontos percentuais atrás de Hillary Clinton nas pesquisas. Sua política de tom elevado, evitando ataques pessoais, não estava dando conta do recado, e alguns dos responsáveis pelo levantamento de fundos para sua campanha o estavam exortando a repensar sua estratégia, fazer modificações em sua equipe e começar a fazer uma campanha negativa. É melhor você ir pra lá, disse Pritzker a Obama. E rápido.

Naquela noite de domingo Obama deu uma passada não programada na reunião de seu comitê financeiro e pediu uma votação: "A quantas pessoas nesta sala eu disse que seria fácil?", perguntou. "Se alguém embarcou nisto pensando que seria fácil, então eu não me expressei com clareza." Obama prometera que uma vitória na prévia de Iowa em janeiro lhe daria o impulso para vencer no restante do país — mas seus defensores não veriam muitos sinais de avanços antes disso. "Estamos batendo de frente com a equipe mais forte dos últimos 25 anos", disse ele. "Mas temos um plano e confiamos nele." Essa confiança foi recompensada. A campanha presidencial de 2008 gerou muitas surpresas, mas uma das mais importantes foi que um político novato de Chicago montou a operação política que foi, de longe, a melhor, incluindo os dois partidos. A campanha de Obama foi uma raridade: uma máquina sem atritos movida pela energia de uma insurgência e a eficiência de uma grande empresa. Faltava à sua equipe aquilo em que seus rivais se especializavam: não houve mudanças na equipe, não houve crises financeiras, nada foi mudado no plano de ação e não se viram sinais de conflitos internos. Mesmo seu slogan de campanha — "mudanças nas quais podemos acreditar" — sobreviveria por toda a campanha.

Como ele conseguiu? Como Obama se tornou o primeiro emergente democrata em mais de uma geração a derrubar a candidata vista como favorita pelo establishment? Em entrevista que concedeu em junho, Obama disse que enfrentar uma operação tão grande quanto a de Hillary Clinton "foi libertador. Eu sabia que podíamos fazer algumas coisas de maneira diferente e construir uma organização que refletisse minha personalidade e o que eu achava que este país procurava. Não foi preciso desaprender os maus hábitos."

**O CAMINHO PARA A VITÓRIA** *Dois meses antes da prévia em Iowa, Obama explicou aos moradores de Burlington sua visão para os Estados Unidos*

Quando Betsy Myers teve seu primeiro encontro com Obama em seu gabinete no Senado, em 3 de janeiro de 2007, cerca de duas semanas antes de anunciar que estava formando um comitê exploratório para candidatar-se à Presidência, Obama expôs à sua futura chefe de operações três diretrizes básicas: conduzir a campanha com respeito; construí-la de baixo para cima, e, finalmente, nada de drama. Chamou a atenção de Myers o fato de Obama ter estudado atentamente as minúcias das duas campanhas de George W. Bush. "Ele disse que queria administrar nossa campanha como um negócio", afirmou Myers. E, num bom negócio, o freguês é quem manda. Ainda em seus primórdios, antes de possuir os recursos necessários para fazer muita coisa, a campanha contratou um "centro de atendimento aos clientes", para que qualquer pessoa que telefonasse, a qualquer hora do dia ou da noite, pudesse ouvir uma voz humana do outro lado da linha.

Enquanto isso, a sede da campanha de Obama, em Chicago, fez da tecnologia sua companheira de chapa desde o primeiro momento. Não apenas para arrecadar fundos: em um Estado após outro, a campanha entregou sua lista de eleitores — normalmente uma joia da coroa, protegida com afinco — a voluntários, que usaram seus laptops e os minutos ilimitados a que seus planos de telefonia celular davam direito à noite e nos fins de semana para contatar cada nome da lista e povoar uma organização política da base para o topo. "As ferramentas estavam ali, e eles construíram a máquina", disse Joe Trippi, que comandou a campanha de Howard Dean em 2004. Mesmo Obama reconhece que não esperava que a internet fosse uma aliada tão útil. "O que eu não previa era a eficácia com que pudemos utilizar a internet para conseguir a participação da base, tanto no aspecto financeiro quanto no organizacional", disse Obama. "Acho que essa foi uma das maiores surpresas da campanha: a força com que nossa mensagem se fundiu com as redes de relacionamento social e o poder da internet." Mas três outros elementos foram cruciais para fazer de Obama o candidato escolhido pelo Partido Democrata:

**UM ADMIRÁVEL PARTIDO NOVO**

Na maioria das eleições, a prévia de Iowa constitui uma anomalia. Competir nesse Estado é um empreendimento complicado, que requer mão-de-obra intensiva e que, uma vez concluído, é deixado de lado, como algo que foge da regra e nunca será repetido. Em 2008, porém, essa competição foi para Obama a prova prática de uma organização de orientação jovem e movida pela tecnologia. Foi também um desafio à história. A regra ditava que os participantes da prévia em Iowa eram sempre os mesmos: pessoas mais velhas, membros de famílias ligadas a sindicatos e afiliados leais do partido que se dispunham a sair de casa numa noite fria para algumas horas de discussão política. Em lugar disso, Obama viu Iowa como uma chance de cravar uma estaca na inevitabilidade da escolha de Hillary. "A missão número um era terminar à frente de Hillary Clinton em Iowa", recordou David Plouffe, administrador da campanha de Obama. "Se não tivéssemos conseguido isso, teria sido difícil barrar a vitória dela."

Mas contar com novos eleitores tinha provado ser desastroso para Howard Dean em 2004. A campanha de Obama sabia que teria que construir uma rede de residentes de Iowa, em lugar de partidários trazidos de outras partes do país, disse Plouffe, mas "não éramos obrigados a aceitar o eleitorado como ele era". No fundo, o que Obama fez em 2008 foi construir um novo partido. Foi difícil. Apenas na manhã da prévia a campanha conseguiu alcançar sua meta de 97 mil residentes de Iowa comprometidos com Obama, número que achava ser necessário para uma vitória. Então surgiu a pergunta: será que essas pessoas compareceriam à primária? Elas o fizeram, quebrando recordes de comparecimento. Obama venceu com margem surpreendente de oito pontos sobre Edwards, o segundo colocado (Hillary ficou em terceiro lugar). Obama considerou a primária em Iowa sua maior vitória, aquela que antecipou todas as outras. "Os eleitores com menos de 30 anos participaram nas mesmas proporções que os de mais de 65. Isso nunca tinha acontecido", disse Obama. "Ainda me orgulho muito de como ampliamos a lista de eleitores em todos os Estados nos quais fizemos campanha."

A cartilha de Iowa não funcionou sempre, como se descobriria mais tarde. Na primária do Texas, por exemplo, a organização previu a participação de mais eleitores afro-americanos do que os que realmente compareceram. Na primária da Califórnia na Super Terça, 5 de fevereiro, os organizadores esperavam mais eleitores jovens. Mas, embora Obama tenha conseguido poucas vitórias sobre Hillary nos grandes Estados, ele não parou de conquistar delegados, mesmo quando perdia primárias. Em abril já se tornara matematicamente impossível para Hillary alcançá-lo.

### A CAMPANHA DOS CHAVEIROS

O empresário de Atlanta Kirk Dornbush arrecadou milhões de dólares para o Partido Democrata e seus candidatos nos últimos 16 anos. Ele lembrou que, antes da introdução das leis de financiamento de campanhas eleitorais que proibiram o "soft money" (dinheiro doado não diretamente a partidos ou candidatos, mas a organizações ou comitês ligados a eles), houve momentos em que andou com cheques de valores de seis algarismos nos dois bolsos do casaco. Hoje em dia, porém, ele faz seu trabalho de arrecadação de fundos de maneira mais modesta: vendendo chaveiros de 3 dólares e camisetas de 25, em comícios de Obama. Na primeira barraca de venda de artigos de campanha que ele montou num evento na Geórgia, contou Dornbush, "vendemos absolutamente tudo. As pessoas faziam filas. Foi inacreditável".

Sua experiência explica a segunda mudança fundamental que Obama imprimiu à política: sua campanha foi construída de baixo para cima. Mesmo o trabalho de levantamento de fundos, antes reservado aos nomes mais ricos da política, virou uma ferramenta para a organização das bases. Em quase todos os eventos, a equipe de Obama montou barraquinhas de venda de produtos: bugigangas com a marca Obama que não são apenas suvenires — também são iscas. Cada pessoa que comprou um adesivo ou um boné teve seu nome registrado como doador da campanha. Mas o objetivo real das operações de venda de produtos era montar uma lista de funcionários e colaboradores e seus respectivos endereços de e-mail.

Uma inovação semelhante foi adotada no trabalho de arrecadação de fundos. Normalmente, apenas os grandes doadores têm a oportunidade de se encontrar com o candidato. Mas Obama dedicou uma parte muito maior de seu tempo a eventos de pequeno valor em dinheiro. Em Kentucky, um mês depois de anunciar sua candidatura a presidente, os 3.200 ingressos, vendidos a 25 dólares, para o primeiro evento desse tipo esgotaram rapidamente — e geraram o início de uma organização local. "É a diferença entre caçar e plantar", disse Matthew Barzun, financista de Obama e empreendedor de publicações na internet, de Louisville, que organizou o evento. "Você planta uma semente e acaba colhendo muito mais."

Obama usa uma referência diferente. "Como já fui organizador comunitário", ele recordou, "estava convencido de que, se convidasse as pessoas a participar e dissesse a elas 'esta campanha é de vocês, vocês são os donos dela e vocês podem dirigi-la', elas reagiriam, e poderíamos desenhar um novo mapa eleitoral." Os quiosques de produtos, a obsessão pelo e-mail e a maneira como as instituições Obama surgiram quase organicamente em todos os distritos do país significaram que, quando os organizadores de Obama chegavam a um Estado, só precisavam dar partida num motor que já tinha sido projetado e construído no local. "Tivemos que confiar nas bases e vimos isso claramente desde o início", disse Plouffe.

Em contraste, a campanha de Hillary, que começara com recursos maiores e o manto da inevitabilidade, era uma operação de cima para baixo na qual as decisões eram tomadas por um grupo de assessores de longa data da candidata. Seus organizadores estaduais recebiam sinais confusos da sede, próxima de Washington. As decisões vindas de Hillary muitas vezes chegavam tarde demais para serem executadas por sua organização em campo. A filosofia de baixo para cima de Obama também ajudou a explicar por que ele conseguiu vencer nos Estados em que houve prévias, tão cruciais para a formação da vantagem insuperável em delegados comprometidos com ele. Algo que não foi observado na época foi que, enquanto Hillary fazia gastos pesados em cada Estado que disputava, a abordagem adotada por Obama poupava dinheiro. Joe Trippi, o veterano da campanha de Dean, comentou: "Seus voluntários organizaram suas vitórias nas prévias de graça".

### OBAMA QUER DIZER "SEM DRAMA"

A equipe que Obama montou foi um misto de pessoas que, em sua maioria, nunca tinham trabalhado juntas, mas se comportaram como se tivessem. Algumas delas — como o estrategista David Axelrod e a assessora Valerie Jarrett — eram de Chicago e já tinham assessorado Obama em corridas anteriores. Plouffe, que era sócio comercial de Axelrod, tinha trabalhado na operação do ex-líder democrata na Câmara, Dick Gephardt; o vice-administrador da campanha, Steve Hildebrand, que supervisionava a organização em campo, viera da equipe do ex-líder da maioria no Senado, Tom Daschle. O ex-chefe-de-gabinete de Daschle, Pete Rouse, exercera o mesmo papel no gabinete de Obama no Senado, do qual o candidato também trouxe o diretor de comunicações Robert Gibbs, que trabalhara para John Kerry por algum tempo. Obama buscou colaboradores também no mundo empresarial, preenchendo cargos operacionais com executivos que tinham trabalhado para a Orbitz, o McDonald's dentre outras. Apesar disso, disse Obama, todos compartilhavam a mesma filosofia. "Como eu não era o candidato favorito, todas as pessoas que vieram trabalhar nesta campanha acreditavam realmente em seus objetivos. Logo, não eram mercenárias. Elas não vieram apenas para se ligarem a uma campanha", ele explicou. O temperamento de cada um também era levado em conta. "Era muito importante termos uma equipe consistente", disse Obama, "um círculo de pessoas que cooperassem e que não adotassem atitudes defensivas."

Como a equipe que cercava Bush, a equipe de Obama era à prova d'água. Os vazamentos eram raros, e, apesar de todos os milhões de dólares que Obama angariou, Plouffe controlava atentamente para onde ia o dinheiro. Considerem-se os salários: em um mês, o porta-voz de Hillary Clinton, Howard Wolfson, recebeu quase o dobro — 266 mil dólares foram para sua empresa, segundo os dados de campanha registrados em janeiro — dos 144 mil dólares que Obama pagou a Gibbs pelo ano todo. Os membros da equipe de Obama tinham que dividir quartos em hotéis e eram reembolsados pela campanha quando tomavam o metrô (cerca de 2 dólares) do aeroporto internacional O'Hare para a sede da campanha, no centro de Chicago, mas não quando tomavam um táxi (mais ou menos 50 dólares).

Havia dúvidas quanto às chances de que uma equipe que vinha subsistindo com tão pouco pudesse prevalecer contra o tipo de operação do Partido Republicano, que tinha sido tão eficiente em

**SÓ PODE HAVER UM** *Hillary e Obama confabulam em Washington antes de ela admitir a derrota*

fazer a base republicana tradicional comparecer às urnas, quatro anos antes. O administrador da campanha de John McCain, Rick Davis, arriscou a previsão de que aquilo que valera a Obama a indicação democrata não funcionaria como "estratégia para uma eleição geral", alegando que a operação de Obama seria fraca diante da atração exercida por McCain sobre vários setores do eleitorado em muitos Estados-chave. Mas, comparada com a de McCain, a operação de Obama foi um modelo de eficiência — e de funcionalidade executiva. Obama transformou a maneira como se pratica política nos Estados Unidos. Depois de fazer seu dramático discurso de vitória em St. Paul, Minnesota, após conquistar delegados suficientes para garantir a indicação pelo partido, Obama saiu do palco e passou os 45 minutos seguintes autografando dezenas e dezenas de livros que admiradores tinham levado ao Xcel Center. Quando terminou, ele viu por acaso o arrecadador de fundos Dornbush e lhe disse: "Curta a comemoração hoje". Então deu alguns passos, virou-se e acrescentou: "Mas amanhã vamos voltar ao trabalho".

*— Artigo publicado na revista TIME em 16 de junho de 2008*

# A prova internacional

*O giro de Obama pelo mundo teve por objetivo comprovar que ele poderia ser o líder do país. O ponto alto da viagem foi seu discurso em Berlim, criticado em casa, mas ouvido por uma multidão extasiada de 200 mil pessoas*

**KAREN TUMULTY**

Dizendo que viera a Berlim "não como candidato a presidente, mas como cidadão — orgulhoso cidadão dos Estados Unidos e concidadão do mundo", Barack Obama fez um discurso enaltecedor em 24 de julho de 2008 que evocou ecos dos discursos famosos feitos nesta cidade: o de John F. Kennedy, em 1963, em que se posicionou ao lado dos berlinenses contra a opressão comunista, e o de Ronald Reagan, quase 20 anos atrás, que lançou um chamado pela derrubada do Muro de Berlim. "O maior perigo de todos é deixarmos que novos muros nos separem uns dos outros", disse Obama, saudado pelos aplausos de uma multidão (estimada em mais de 200 mil pela polícia berlinense), que se reunira no parque central da cidade e que se estendia até o Portão de Brandenburgo, a cerca de 1,5 km de distância.

O discurso de Obama na Coluna da Vitória foi uma crítica não muito velada à política externa isolacionista do presidente Bush. Ele lamentou o fato de americanos e europeus "terem se distanciado e se esquecido de nosso destino compartilhado", em lugar de enxergarem-se como "aliados que ouvem uns aos outros, aprendem uns com os outros e, sobretudo, confiam uns nos outros". Acrescentou: "Sei que meu país não se aperfeiçoou. Cometemos nossa parcela de erros, e houve momentos em que nossas ações em volta do mundo não estiveram à altura de nossas melhores intenções."

Se foi difícil enxergar muita diferença entre a primeira viagem de Obama ao exterior depois de conquistar a indicação presidencial democrata e uma visita de Estado genuína de um presidente em exercício, bem, a intenção era mais ou menos essa mesma. Obama fez escalas no Afeganistão, Iraque, Jordânia, Israel e Cisjordânia antes de partir para Alemanha, França e Inglaterra. Houve segurança extraordinária em cada escala: a polícia de Bagdá montou novas barreiras e postos de checagem nas ruas para garantir a segurança na capital iraquiana, enquanto Obama esteve na cidade. Houve momentos com extraordinária montagem de cena: quando discursou numa delegacia de polícia em Sderot, Israel, Obama estava ao lado de centenas de granadas de morteiros, empilhadas como testemunho silencioso dos ataques lançados desde a vizinha Faixa de Gaza. E houve os momentos pessoais e íntimos que talvez façam diferença um dia: depois de ter jantado com o rei Abdullah 2º no palácio em Amã, o líder jordaniano entrou em sua Mercedes e levou Obama ao aeroporto, conduzindo o carro ele próprio. Obama chegou a fazer a viagem num Boeing 757 reformado.

Para os eleitores americanos, a viagem foi uma oportunidade de avaliar como o senador de Illinois com relativamente pouca experiência em Washington se sairia no palco internacional.

**ALÔ, BERLIM** *Como Kennedy e Reagan fizeram antes dele, Obama eletrizou uma imensa plateia alemã*

Em parte devido ao risco de que os eleitores pudessem enxergar a viagem não como um teste, mas como um ato ousado de presunção, Obama passou grande parte da viagem pelo Iraque e pelo Afeganistão acompanhado constantemente por dois outros senadores, ambos donos de credenciais militares sólidas.

Mas foi Berlim que proporcionou os momentos mais indeléveis e controversos. Os berlinenses lotaram a praça mais de cinco horas antes de o discurso de Obama começar. A campanha de McCain, frustrada com a saturação da mídia pela cobertura da viagem internacional de Obama, apressou-se em divulgar um comunicado desqualificando o exercício inteiro. "Hoje, enquanto Barack Obama dava uma volta prematura de vitória no coração de Berlim, proclamando-se 'cidadão do mundo', John McCain continuou a apresentar seus argumentos aos cidadãos americanos que vão decidir esta eleição." No final, os cidadãos americanos apostaram em Obama.

*—Artigo publicado no site TIME.com em 24 de julho de 2008*

**16 DE OUTUBRO DE 2008**
**NOTA 10 EM COMPORTAMENTO**

*Um dia após o debate final, Obama e McCain participam de um jantar beneficente em Nova York, onde disputam a atenção do cardeal Edward Egan*

**19 DE ABRIL DE 2008**
**VISITA RÁPIDA**

*Partidários despedem-se quando o trem de Obama deixa Downington, Pensilvânia. Obama acabou perdendo a primária desse Estado*

**25 DE AGOSTO DE 2008**
**PLATEIA ATENTA**
*Obama assiste à TV com a família Girardeau em Kansas City, Missouri, enquanto Michelle discursa no primeiro dia da convenção democrata*

**22 DE ABRIL DE 2008**
**CONFRONTO ACIRRADO**

*Disputando os últimos votos no dia da primária na Pensilvânia, Obama e Michelle posam para uma foto numa barbearia na Filadélfia*

CHAMPION
ATHLETIC AFFAIR

**31 DE MAIO DE 2008**
**SEM ROTEIRO**

*Fazendo uma caminhada de improviso após uma reunião em Aberdeen, Dakota do Sul, Obama surpreende uma família no jardim de casa*

**16 DE OUTUBRO DE 2008**
**O PRIMEIRO-CASAL**

*Menos de três semanas antes da eleição, Obama e Michelle assistem a um concerto beneficente de Bruce Springsteen e Billy Joel em Nova York*

# Preparado para liderar

*Obama derrotou John McCain porque moderou a retórica voltada a grandes multidões e projetou um temperamento equilibrado e criterioso, que é o que os americanos desejam hoje em um presidente*

**JOE KLEIN**

O GENERAL DAVID PETRAEUS APLICOU FORÇA AVASSALADORA quando apresentou um relatório a Barack Obama e dois outros senadores em Bagdá, em julho passado. Ele sabia que Obama era a favor de um cronograma de 16 meses para a retirada da maioria das tropas americanas do Iraque e queria apresentar um argumento forte contra isso. Assim, depois de explicar a situação em grandes detalhes, Petraeus encerrou a apresentação com uma defesa vigorosa da "flexibilidade máxima" na atuação futura no Iraque. Naquele momento, Obama tinha uma opção a fazer. Ele poderia agradecer a Petraeus pelas informações e prometer fazer uma análise; ou poderia dizer a ele o que realmente pensava, uma atitude contenciosa em potencial — especialmente em se tratando de um general que não estava acostumado a ser contestado. Obama optou por dizer o que pensava. "Se eu estivesse em seu lugar, estaria apresentando exatamente o mesmo argumento", ele começou. "Sua responsabilidade é garantir nosso êxito no Iraque nos termos mais favoráveis possíveis. Mas minha responsabilidade, como potencial comandante das Forças Armadas, é analisar seus conselhos pelo prisma de nossa segurança nacional." Obama falou da deterioração da situação no Afeganistão, dos custos financeiros da ocupação do Iraque, das tensões que esta estava impondo aos militares.

Seguiu-se uma conversa "animada", me disse uma pessoa que estava na sala. "Não foi uma récita superficial de pontos obrigatórios." Obama e Petraeus afirmam que a reunião terminou em clima cordial. Petraeus disse que compreendia que a perspectiva de Obama seria, necessariamente, mais estratégica. Obama disse que o cronograma obviamente teria que ser flexível. Mas o senador tinha deixado claro qual era sua posição: se eleito presidente, ele estaria no comando. À diferença de George W. Bush, que concedera a Petraeus autoridade completa sobre a guerra — uma abdicação da responsabilidade presidencial que não tinha precedentes —, Obama faria questão de uma cadeia de comando rigorosa.

Obama fortaleceu-se ao longo da campanha devido à calma de seu temperamento e aos critérios de seu processo de tomada de decisões. Essas são suas qualidades mais conhecidas. Mas existem milhares de decisões instantâneas que um candidato precisa tomar ao longo de uma campanha — como, por exemplo, se vai dizer o que realmente pensa a um general —, e essa jornada em vários momentos foi difícil para Obama, já que ele se sente mais à vontade quando tem tempo de refletir sobre as coisas. "Ele aprendeu a confiar em seus instintos", me contou um de seus assessores. "É a maior transformação que pude observar nele."

**A VIRADA** *Na espantosa chegada da crise financeira, foi a serenidade instintiva de Obama que conquistou a confiança do público*

Perguntei a Obama sobre decisões instintivas em entrevista feita em seu avião, 17 dias antes da eleição. Era tarde da noite, e ele parecia cansado, com muitos fios grisalhos em seus cabelos e não tão jovem quanto quatro anos antes, quando eu o conhecera. Mas não aparentava estar nervoso com a iminência da eleição. Nossa conversa foi informal, mas intensa. Ele parecia estar pensando, em lugar de apenas apresentar uma lista de pontos previamente preparados, e levou algum tempo refletindo sobre minha pergunta. Disse que a primeira decisão instintiva realmente importante foi tomada quando vieram à tona vídeos incendiários dos sermões nacionalistas do reverendo Jeremiah Wright. "Meu instinto me dizia que aquele era um momento que comportava ensinamentos", disse Obama, referindo-se ao discurso marcante sobre relações raciais que proferiu na Filadélfia, "e que, se eu tentasse controlar os danos políticos, em vez de falar com os americanos como adultos, capazes de compreender as complexidades da raça, eu não apenas estaria prejudicando a campanha, como perdendo uma oportunidade importante para exercer liderança."

Embora Obama tenha seguido um caminho político bastante tradicional nessa campanha, seus momentos mais fortes aconteceram quando obedeceu a seus instintos naturais de evitar dramas. O que confundiu a mim e a muitos colegas jornalistas: sua cautela absoluta nos debates, sua decisão de não fazer críticas acirradas a John McCain e sequer contestá-lo muito, me levaram a supor que ele não se saíra tão bem quanto o público decidiu que se saíra. Mas um dos fatos mais notáveis das eleições de 2008 foi a unanimidade entre democratas em questões de política, uma vez que se deixou de lado o choque de personalidades entre Obama e Hillary Clinton. Não houve desentendimentos entre democratas antigos e novos, progressistas e moderados, sobre raça, guerra ou paz.

E, no momento crucial da campanha — o começo da crise financeira —, foi a serenidade instintiva de Obama que conquistou a confiança do povo e, mais tarde, a eleição. Na tarde em que McCain suspendeu a campanha, ameaçou cancelar o debate de 26 de setembro e embarcou para Washington para tentar resolver a crise, Obama estava na Flórida, preparando-se para o debate. Informado sobre as manobras de McCain, sua primeira reação, segundo um assessor, foi "você só pode estar brincando. Eu vou para o debate. Um presidente tem que ser capaz de fazer mais de uma coisa de cada vez". Mas uma tempestade estava se formando entre os partidários de Obama no establishment político. "Meu celular estava explodindo", disse um assessor. "Diziam que tínhamos que suspender [o debate]. McCain daria a impressão de ser mais estadista, alguém que se elevava acima da disputa."

Obama percebeu que ele e McCain poderiam ser pouco mais que observadores criativos da resposta à crise financeira. Ele não tinha o poder de influir sobre o resultado final, então seria melhor manter a calma e não tentar fazer seu papel parecer maior do que era realmente. Era uma decisão natural a tomar, seguindo sua tendência inata. Mas reconheceu, "haverá momentos em que não terei o luxo de poder analisar os problemas sob todos os ângulos". Foi isso o que tornou tão interessante o momento com Petraeus. A reação instintiva de Obama foi contrariar seu impulso paliativo natural e, em lugar disso, contestar o general. "Senti que era necessário deixar isso claro, precisamente porque respeito Petraeus e [o embaixador Ryan] Crocker. Precisamente porque eles vêm fazendo um bom trabalho. E quero que entendam que estou levando seus argumentos a sério."

FIZ MINHA PRIMEIRA ENTREVISTA FORMAL COM BARACK OBAMA quase dois anos atrás. Não foi fácil: seu livro *A Audácia da Esperança* acabara de ser publicado, mas suas propostas políticas não pareciam muito ousadas. Hoje Obama mostra ser um criador de políticas mais seguro de si, mesmo que não seja exatamente um caxias, no sentido clintoniano. Ele já tem um domínio mais claro do quadro geral, de como os vários elementos políticos se encaixam. Quer lançar um "projeto Apollo" para erguer uma nova economia baseada em fontes de energia alternativas. O raciocínio com que justifica isso inclui algumas verdades nuas e cruas sobre a derrocada econômica atual. "O motor que moveu o crescimento econômico nos últimos 20 anos não estará presente nos próximos 20", disse Obama. "Esse motor foi o consumo. Basicamente, nós turbinamos esta economia com base no crédito barato." Será preciso encontrar uma nova turbina, "e não existe motor potencial melhor que uma economia movida por novas energias. Essa será minha prioridade número 1."

Esse tipo de visão clara é novidade. A incapacidade de descrever suas prioridades e de falar com os eleitores diretamente de maneira que eles pudessem compreender, prejudicaram Obama durante boa parte do período de primárias. Sua tendência a usar de retórica grandiosa diante de grandes multidões levou McCain a ter sua única fase boa, depois de Obama ter falado em tom presunçoso diante de uma multidão em Berlim. Obama parece ter aprendido rapidamente com o erro; sua linguagem, durante a campanha geral, foi simples, direta e pragmática. Seus melhores momentos nos debates aconteceram quando explicou o que queria fazer como presidente. O melhor momento de todos aconteceu no debate com participação da plateia, quando ele demonstrou como o pacote de socorro do governo afetaria cidadãos comuns que estivessem tendo problemas financeiros: se as empresas não conseguissem obter crédito dos bancos, elas não poderiam pagar os salários de seus funcionários e teriam que começar a demitir. Por outro lado, McCain falou de Fannie Mae e Freddie Mac e dos erros de Obama, e em nenhum momento conseguiu convencer.

Na Presidência, Obama terá que voltar com carga total ao trabalho de inspirar. O povo precisará ser mobilizado para enfrentar as novas e temíveis realidades econômicas. Obama também terá que transmitir notícias ruins e transformar crises em "momentos que comportam ensinamentos". Necessitará realizar uma mudança de grandes proporções em nossa vida política: fazer o povo pensar em soluções de longo prazo, em lugar de soluções paliativas de curto prazo. Obama já deu alguns indicativos fortes de que vai conseguir fazer isso, pois se manteve sereno durante um tempo de insanidade política. Sua campanha foi notável, tão bem administrada quanto as melhores que já vi em nove ciclos presidenciais. Mais notável ainda, Obama fez da questão racial — essa ferida permanentemente aberta — um problema menor. Ele conseguiu isso ao introduzir na política americana uma qualidade que não tínhamos visto havia algum tempo: a maturidade. Ele é, sem dúvida, movido por seu ego tanto quanto todos os que já tentaram chegar ao cargo mais elevado do país. Mas não é egomaníaco de maneira infantil, em contraste com nossos presidentes recentes, filhos da geração dos baby-boomers (nascida nos anos imediatamente seguintes à Segunda Guerra Mundial) — nem petulante, em oposição a seu adversário. Ele não transmitiu uma impressão de carência. Parecia um adulto, num país que precisa urgentemente de um pouco de supervisão adulta.

*— Artigo publicado na revista TIME em 3 de novembro de 2008*

# A escolha do povo

*Após uma campanha cativante, que reescreveu as regras da política americana, a emocionante vitória de Obama pode conduzir a transformações reais — se os cidadãos se dispuserem a participar*

**NANCY GIBBS**

ALGUNS PRÍNCIPES NASCEM EM PALÁCIOS. OUTROS NASCEM EM MANJEDOURAS. Mas poucos nascem na imaginação, a partir de pedacinhos de história e de esperança. Barack Obama nunca fala de como as pessoas o enxergam: não sou eu quem está fazendo história; são vocês. Mas na noite da eleição, quando olhou através de um vidro à prova de balas, num parque nomeado em memória de um general da Guerra Civil, não pôde deixar de enxergar a verdade nos rostos das pessoas. Nós mesmos somos as pessoas pelas quais estávamos esperando, dizia Obama. Mas as pessoas estavam esperando por ele, esperando por alguém que finalizasse o que um "rei" (um *king* — Martin Luther King Jr.) começou. "Se existe alguém aí fora que ainda duvida que a América seja um lugar onde todas as coisas são possíveis, que ainda se pergunta se o sonho dos fundadores de nosso país está vivo, que ainda questiona o poder de nossa democracia, esta noite é sua resposta", declarou.

Barack Obama não venceu devido à cor de sua pele. Tampouco venceu apesar dela. Ele venceu porque, num momento de grande perigo na vida de um país ainda muito jovem, mais pessoas como nunca se viu antes uniram a voz para tentar salvá-lo. E essa foi a grande vitória.

"Lembrem-se desta data", disseram pais a seus filhos quando foram buscá-los mais cedo na escola, para ir ver um candidato afro-americano fazer história. Uma eleição em uma das democracias mais antigas do mundo parecia o tipo de eleição realizada em democracias novas em folha, nas quais os cidadãos finalmente saem às ruas para dançar. Cem mil pessoas saíram em Estados de maioria republicana para ouvir Obama; 150 mil o fizeram nos Estados divididos entre republicanos e democratas, mesmo quando já deveriam estar fartas de ouvir falar em esperança e mudanças. Astronautas da Nasa a bordo da Estação Espacial Internacional enviaram uma mensagem em vídeo, encorajando as pessoas a votar; eles próprios votaram, a 320 quilômetros de altitude. Na véspera da eleição, um funcionário do cartório eleitoral da Flórida trancou-se na sede e dormiu com as cédulas, para ter a certeza de que nada daria errado com a votação. As pessoas fizeram fila durante dez horas para votar em Atlanta e esperaram como se o voto fosse o bem mais precioso, num momento em que todo o resto parecia perder valor. As mesmas frases eram ouvidas em toda parte: "é a primeira vez na minha vida", "custe o que custar".

Quando terminou, mais de 120 milhões de pessoas tinham puxado uma alavanca ou preenchido uma cédula, e o sistema mal conseguia dar conta do processo democrata. Obama conquistou mais votos que qualquer outra pessoa na história dos Estados Unidos — a maior vitória democrata desde que

TODD ROSENBERG—POLARIS

**UM HOMEM COM UMA MISSÃO** *Em Grant Park, Obama, o candidato improvável, diz aos Estados Unidos que a vitória pertence aos americanos*

Lyndon Johnson esmagara outro senador do Arizona, 44 anos atrás. Obama conquistou os eleitores homens, coisa que nenhum democrata conseguira desde Bill Clinton. Ele conquistou 54% dos católicos, 66% dos latinos, 68% dos novos eleitores — um movimento multicultural e de múltiplas gerações que conseguiu romper a antiga crosta de gelo política. Desencadeou uma onda democrata profunda que cobriu muito além das costas e das cidades universitárias do país: era possível caminhar praticamente do Maine ao Minnesota sem pôr os pés num Estado republicano. Depois de meses mapeando os caminhos que conduziram aos 270 votos (número necessário para vencer no colégio eleitoral), Obama ultrapassou a linha de chegada com enorme facilidade.

Quando o resultado da eleição foi anunciado, houve uma explosão de barulho, de buzinas e de estranhos abraçando-se nas ruas. Pessoas dançavam no Harlem, choravam na Igreja Batista Ebenezer e acendiam velas no túmulo de Martin Luther King Jr. Mais de mil pessoas gritaram "sim, podemos!" diante da Casa Branca, onde, um século atrás, era considerado escandaloso um presidente convidar um herói negro para almoçar. O presidente Bush descreveu a vitória como "estarrecedora" quando telefonou a Obama para lhe dar os parabéns: "Você está prestes a embarcar em uma das maiores viagens de sua vida". John McCain, lutador pela liberdade, sempre enxergou a nobreza inerente — ou, quem sabe, especialmente — de uma batalha fadada a ser perdida, e que por isso requer mais coragem para ser travada. Quando ligou para Obama para reconhecer a vitória, o homem mais jovem rendeu homenagem ao estadista mais velho. "Preciso de sua ajuda", disse Obama, e McCain a ofereceu sem reservas. "Sejam quais tenham sido nossas diferenças, somos todos americanos", disse McCain à multidão, num discurso sereno e cordial sob as montanhas do Arizona.

Lembrem-se dessa data. Agora podemos imaginar, pelo menos por algum tempo, que a eleição de Obama terá não apenas virado uma página em nossa política, mas jogado fora o livro inteiro, para que possamos começar de novo. Seja intencionalmente ou não, o passado perde seu poder nesse momento: por enquanto, a sensação que temos é que deixamos para trás as batalhas dos baby-boomers que marcaram os últimos 40 anos; as guerras culturais que nos fizeram prisioneiros e nos isolaram do que temos em comum; a guerra tribal entre ricos e pobres, Norte e Sul, negros e brancos, e a ilusão, se é que alguém ainda a nutria depois dos últimos oito anos, de que o que acontece em Washington não afeta o que acontece em toda parte.

Em um momento de perigo evidente, os Estados Unidos decidiram confiar seu destino a um homem nascido de uma mãe adolescente branca e idealista e de um pai carismático, estudante universitário africano, que os abandonou — um homem que cresceu sem dinheiro, que ingressou em boas escolas graças a seus próprios méritos, abriu caminho pelo mundo impiedoso da política de Chicago até chegar ao Senado americano e, agora, à Casa Branca, num período de tempo espantosamente curto. Essa conquista, comparada à dos Bush, dos Kennedy, dos Adams ou de quaisquer outros príncipes americanos que nasceram em meio ao poder ou foram criados para assumi-lo, representa uma mudança tão radical em relação à praxe, que ela confere sentido à promessa ouvida desde o jardim de infância: "Qualquer um pode ser presidente quando crescer".

Um país não precisa de um grande presidente em tempos fáceis — precisa dele quando o futuro está cuspindo monstros. Já ouvimos falar tanto dos novos eleitores que Obama atraiu e nos esquecemos dos outros que ele encontrou, aqueles que não votavam desde a Guerra do Vietnã ou que nunca imaginaram votar num negro, num progressista ou num democrata, muito menos nos três ao mesmo tempo. Mas muitos americanos estão passando pela pior década de suas vidas e têm problemas em administrar a insatisfação. Eles viram uma guerra ser conduzida de modo errado, uma cidade ser engolida, e agora estão vendo uma economia cujos frangalhos estão unidos apenas por empréstimos estrangeiros e tachinhas. Foi preciso uma tempestade de más notícias para criar esse momento, mas mesmo os grandes homens raramente vencem em uma só tacada. Ronald Reagan não o fez. John Kennedy também não.

Obama pertencia a um partido que estava determinado a buscar a desforra; ele pregava a reconciliação, e um ano atrás, quando perguntaram aos eleitores quem tinha as melhores chances de vencer, Hillary Clinton o esmagou por 71% a 26%. Ele teve que criar uma "nova igreja" para conseguir alcançar aqueles que tinham perdido a fé no governo ou que nunca tinham tido fé alguma nele, para começar. Precisamos recomeçar tudo, ele argumentou — ouvir cuidadosamente, encontrar soluções. Foi porque ele próprio era um azarão, com currículo magro e poucos padrinhos ou inimigos políticos, que pôde se apresentar como a solução.

Em vista de um presidente que estava com altos índices de rejeição e de uma economia trôpega, seria possível afirmar que nunca houve dúvidas sobre o resultado da eleição. Setenta por cento mais pessoas votaram nas primárias democratas do que nas republicanas; nove em cada dez pessoas dizem que o país está seguindo o rumo errado. Diante disso, McCain foi o boi de piranha de seu partido, um herói americano ao qual foi concedida mais uma oportunidade de servir a seu país, com créditos rebeldes suficientes em seu currículo para poder ter uma chance de conquistar eleitores insatisfeitos, caso Obama implodisse de alguma maneira. Embora possa não ter sido grande coisa como corrida, perto do fim, com certeza foi grande coisa como escolha: não apenas negro ou branco, republicano ou democrata, jovem ou velho. Com o passar do tempo, ficou claro que esses dois homens veem a mudança sob óticas muito diferentes. McCain a vê como um sofrimento, uma prova de sua resistência; Obama a enxerga como oportunidade, como um teste de sua versatilidade.

No entanto, era Obama — ridicularizado e retratado como "etéreo" quando comparado a McCain, testado na batalha — o realista de visão clara; ele era filho da mudança — mudança de país, de cultura, de carreira, até mesmo de nome: Barry virou Barack. Não é possível impedir as mudanças de acontecerem, ele argumentou; só se pode saudá-las e trabalhar os termos em que acontecem. Se você for inteligente e tiver um pouco de sorte, poderá fazer delas suas aliadas.

Como se essa escolha não tivesse ficado suficientemente clara, McCain marcou ainda mais as linhas divisórias. A escolha do candidato a vice-presidente sempre prometera ser complicada para um piloto solo que resistia à ideia de ter um parceiro em cada curva do caminho, mas agora a Constituição o obrigava a ter um copiloto. E, se alguém imaginava que conseguiríamos passar por uma eleição geral sem uma guerra cultural, a chegada de Sarah Palin deu a resposta. Ela dizia ser um rosto novo que não via a hora de enfrentar a velha guarda. Mas, longe de voltar-se ao futuro, Palin lembrava mais o passado — a mãe de cinco filhos, vivendo numa cidade do interior pouco desbravado, que evocava os valores de uma América mais simples e mais segura que o mercado multicultural de ideias, globalmente competitivo e sofrendo de problemas fiscais, no qual Obama vivia. Ela parecia gostar desse contraste e falava da "América real", das "áreas pró-América deste grande país". Era um convite para Obama mostrar quão mais o país avançara. "Não existem partes reais ou falsas deste país", ele disparou de volta. "Somos uma só nação, todos nós orgulhosos, todos nós patriotas."

MESMO ASSIM, EM MEADOS DE SETEMBRO, McCain tinha transposto o abismo dos gêneros, incendiado sua base, e parecia estar se divertindo pela primeira vez. Ele insistia que era o único já testado numa crise. Estava indo bem — até que foi testado numa crise. Supunha-se que, se as Fúrias (da mitologia grega) levassem a turbulência às eleição, o país preferiria a "escolha segura" e não arriscaria apostar num novato. Foi um triunfo para Obama o fato de que a crise financeira que poderia tê-lo soterrado, na realidade o elevou, deixando os eleitores avaliarem seu julgamento em tempo real. Ela lhe proporcionou, ao longo de três semanas e três debates, um palco para demonstrar habilidades de estadista que décadas de debates no Senado jamais teriam oferecido.

No dia em que a Lehman Brothers evaporou, McCain estava com dois pontos de vantagem. Em setembro, quando o *Wall Street Journal* indagou às pessoas quem se saía melhor em relação aos impostos, McCain superou Obama por 41% a 37%. No mês seguinte ocorreu uma virada de 18 pontos, até que Obama passou à frente com relação aos impostos, por 48% a 34%. A campanha de Obama nunca perdia uma oportunidade de reapresentar as frases de McCain sobre os fundamentos da economia serem fortes ou de que ele tinha sido "fundamentalmente um desregulamentador" numa época em que a regulamentação se fizera fundamentalmente necessária, mas estivera ausente. No instante em que McCain tentou aproveitar o momento, suspender a campanha e voltar a Washington para resgatar o sistema financeiro global, apenas para ser calado por seu próprio partido, ele entregou a Obama de mão beijada uma arma quase tão poderosa quanto a própria crise. De uma hora para outra, os tempos ficaram turbulentos — e McCain era "errático", "impulsivo", precipitado. Ele caiu numa armadilha da qual não conseguiu sair. A cada vez que McCain lançava um golpe, como sua base exigia que fizesse, os números que mediam os eleitores indecisos caíam. Seis em cada dez eleitores disseram que McCain estava passando mais tempo atacando Obama do que explicando suas próprias posições.

Em três debates realizados no calor da crise, os eleitores tiveram a oportunidade de avaliar os dois homens diretamente — sem multidões em estádios, sem manobras, sem redatores de discursos para salvá-los. Dizia-se que Obama era um radical perigoso que andava na companhia de terroristas. Simplesmente por parecer desapaixonado e sensato, ele ao mesmo tempo tranquilizou os eleitores e rebaixou McCain, cujos ataques pareceram insinceros. Em meados de outubro, uma pesquisa do *New York Times* constatou que apenas um em cada três eleitores achava que McCain imprimiria uma mudança real de rumo ao país. Ele nunca mais se aproximou de Obama nas intenções de voto.

No final, algumas lições já estavam claras. A força financeira bruta de Obama, cujos gastos superaram os de McCain por quase o dobro, garante que a maneira como pagamos pela política nunca mais será a mesma — e dinheiro e poder tendem a fluir juntos. Uma nova geração de eleitores está prestes a nos mostrar se passou apenas para uma visita rápida ou se pretende ficar. Os democratas no Congresso ganharam mais poder, apesar de sua impopularidade; agora vamos ver se eles entendem que isso é um empréstimo, não uma recompensa. E o repúdio ao presidente Bush e seus aliados assegura que o movimento conservador terá que sentar-se em círculo, dar-se as mãos, acender alguns incensos e tentar refletir em que seus membros realmente acreditam, quando se trata de colocar seus princípios em prática.

Quanto a Obama, ao lado de quais democratas ele vai se posicionar? Dos velhos progressistas ao estilo de Ted Kennedy, para quem ele se tornou uma nova fonte de inspiração? Dos Blue Dogs, de tendência moderada a conservadora, a quem cortejou? Ou dos recém-chegados oriundos de distritos mistos ou mesmo republicanos, cuja longevidade política depende do apoio a uma agenda centrista? Ele tem falado sobre a necessidade de corrigir os benefícios sociais previstos em lei, mas quando tentam

**APRESENTANDO OS OBAMA** *A primeira-família sobe ao palco para saudar a multidão na noite da eleição*

fazê-lo dizer algo definitivo sobre como realizará isso, Obama desaparece numa cortina de fumaça de contingências. Obama votou a favor do pacote de resgate de Wall Street, de US$ 700 bilhões, mas com certeza haverá muito mais setores que vão reivindicar uma parte do pacote do que há dinheiro disponível nele. Obama já tinha equipes de assessores trabalhando com o Departamento do Tesouro e o Pentágono, para o caso de uma vitória. Em tempos como esses, todo preparo é pouco.

Sua promessa de unir as pessoas não significará nada se ele fizer apenas o que é fácil. Ele precisa encontrar republicanos reais para colocar em cargos reais de seu gabinete, não apenas no Departamento dos Transportes. Precisa empregar seu poder de maneira que deixem os dois partidos igualmente insatisfeitos, precisa tirar o pó das palavras de peso que necessitamos ouvir — como austeridade, sacrifício, dever para com as crianças, pelas quais não paramos de contrair empréstimos. "Esta vitória, por si só, não é a mudança que buscamos", disse ele ao país na noite da eleição. "É apenas a oportunidade para realizarmos essa mudança. E isso não poderá começar a acontecer se voltarmos às coisas como elas eram."

Recebemos os líderes que merecemos. E, se os conduzirmos ao poder e então nos distanciarmos deles, recusando-nos a segui-los, a não ser que nos estejam conduzindo à Disneylândia, então presidente nenhum, por mais histórico que seja o projeto que é encarregado de realizar, ou mais aguda seja sua consciência do que precisa ser feito, poderá nos levar para onde nos negamos a ir. Isso não terminou no dia da eleição, repetiu Obama inúmeras vezes quando falou sobre a possibilidade de pessoas comuns fazerem coisas extraordinárias. Assim, estamos apenas no fim do começo.

— Reportagem de Laura Fitzpatrick.

*Artigo publicado na revista TIME em 17 de novembro de 2008*

CHANGE WE CAN BELIEVE IN
OBAMA '08
OBAMA'08
GE